MEISTERE DEINE MOTIVATION

EIN PRAKTISCHER LEITFADEN, UM DICH ZU BEFREIEN, MOMENTUM ZU SCHAFFEN UND LANGFRISTIGE MOTIVATION AUFZUBAUEN

THIBAUT MEURISSE

Übersetzt von
PATRICK THIELE

Übersetzt von
FRANCIE CARTER

INHALT

EINFÜHRUNG

Das erste Newtonsche Bewegungsgesetz besagt, dass ein in Bewegung befindliches Objekt in Bewegung bleibt. Dieses Gesetz gilt auch für den Menschen - zumindest was die Zielsetzung betrifft. Mit anderen Worten: Wenn wir in Bewegung sind und uns *aktiv* auf unsere Ziele zubewegen, können wir uns manchmal unaufhaltsam fühlen. Wir können einen Flow-Zustand erleben, in dem wir viel mehr erreichen, als wir es sonst tun würden.

Doch was passiert, wenn wir aufhören? Es fällt uns oft schwer, den Ball wieder ins Rollen zu bringen. Das kann dazu führen, dass wir Aufgaben aufschieben, depressiv werden oder uns durch unsere Untätigkeit frustriert fühlen.

Vielleicht fühlst du dich jetzt so und befindest dich in einer oder mehreren der folgenden Situationen:

- Du fühlst dich festgefahren und unmotiviert, unfähig, bei deinen wichtigsten Zielen voranzukommen
- Du machst dir Vorwürfe, weil du bestimmte Dinge nicht erledigt hast
- Du fühlst dich überfordert und weißt nicht, was du als Nächstes tun sollst

- Du zweifelst an dir selbst und machst dir mehr Sorgen als nötig
- Du springst immer wieder von einer Aufgabe oder einem Ziel zum nächsten, ohne etwas Wesentliches zu erreichen

Wenn du dich in einer der oben genannten Situationen wiedererkennst, dann mach dir keine Sorgen. Dieses Buch wird dir helfen, aus deinem Tief herauszukommen und deine Motivation wieder aufzubauen.

Glücklicherweise ist mangelnder Schwung oder ein Gefühl des Stillstands nie von Dauer. Du kannst fehlende Motivation zu einem vorübergehenden Zustand machen. Es gibt viele Dinge, die du tun kannst, um Motivation zu erzeugen und dich zu begeistern, den Weg zu deinen Zielen und Träumen wieder aufzunehmen.

Von Zeit zu Zeit fühlen wir uns alle festgefahren.

Ich habe Momente in meinem eigenen Leben, in denen es mir schwer fällt, auch nur die einfachste Aufgabe zu erfüllen. Da kann das einfache Beantworten einer E-Mail zu einer echten Herausforderung werden. Während ich dieses Buch schrieb, erlebte ich viele mentale Blockaden und ich hatte Tage, an denen ich nicht viel Arbeit erledigen konnte. Es wäre unehrlich, wenn ich diese Wahrheit nicht mit dir teilen würde. Aus persönlicher Erfahrung weiß ich aber auch, dass Motivation schwankt und dass sie so schnell wiederkehren kann, wie sie verschwunden ist.

Wenn du das anwendest, was du in diesem Buch lernst, wirst du in der Lage sein, Momentum aufzubauen und mehr Konstanz in dein Leben zu bringen. Deine Motivation wird steigen und als Folge davon wirst du viel mehr deiner Ziele erreichen können, als du es bisher geglaubt hast.

In **Teil I** dieses Buches gehen wir einen Schritt zurück und beurteilen deine Situation von einem objektiven Standpunkt aus, sodass du einige deiner negativen Emotionen loslassen und den Druck, der auf deinen Schultern lastet, abbauen kannst.

In **Teil II** werden wir uns anschauen, wie du ein Momentum aufbauen kannst, das dir dabei hilft, dich im täglichen Leben motivierter zu fühlen.

In **Teil III** wirst du lernen, wie du diesen Schwung langfristig aufrechterhalten kannst, um dir zu helfen, ein hohes Maß an Motivation beizubehalten und noch mehr von deinen Zielen zu erreichen.

Schließlich werden wir uns in **Teil IV** mit den 25 Strategien befassen, mit denen du deine Motivation jederzeit wieder aufbauen und aufrechterhalten kannst.

Bist du bereit, deine Motivation zu steigern und mit voller Zuversicht auf deine Ziele zuzugehen?

Dein kostenloses Schritt-für-Schritt-Aktionshandbuch

Um dir zu helfen, wirklich ins Handeln zu kommen und Motivation aufzubauen, habe ich ein kostenloses Aktionshandbuch erstellt. Du findest es am Ende dieses Buches, kannst es aber auch unter dieser URL herunterladen:

http://whatispersonaldevelopment.org/mdm

Wenn du Schwierigkeiten beim Herunterladen des Arbeitsbuchs hast, dann wende dich bitte an mich:

thibaut.meurisse@gmail.com, und ich werde dir so schnell wie möglich ein Exemplar zukommen lassen.

Meistere dein Leben mit der „Meister-Buchreihe".

Dieses Buch ist das zweite Buch in der **„Meister-Buchreihe"**. Du kannst das erste Buch „Meistere Deine Emotionen" unter folgendem Link ansehen:

http://mybook.to/MDE

STOPP – TU JETZT DIESE EINE SACHE

Fehlt es dir an Motivation? Fühlst du dich jetzt gerade festgefahren?

Wenn man sich festgefahren fühlt, verliert man oft den Blick für das große Ganze und macht sich am Ende weit mehr Sorgen, als es wahrscheinlich nötig wäre. Deshalb hatte ich mir überlegt, dich zunächst einmal einzuladen, einen Schritt zurückzutreten, deinen Kopf zu verlassen und deine aktuelle Situation aus einer objektiven Sichtweise zu betrachten.

Ich habe auch darüber nachgedacht, dass ich damit beginnen sollte, dich zu inspirieren, um dir dabei zu helfen, dich besser zu fühlen.

Doch im Moment werde ich keines dieser Dinge tun. Ich werde dich nicht einmal darum bitten, dieses Buch bis zum Ende zu lesen.

Stattdessen werde ich dir die Wahrheit sagen: Wie du dich jetzt befreien kannst, indem du nur eine einfache Sache erledigst. Die Erfüllung dieser einen Aufgabe allein wird deinen emotionalen Zustand sehr schnell verändern und dich wieder auf den richtigen Weg bringen. Ich will nicht, dass du *denkst*. Wenn du dich jetzt festgefahren fühlst, liegt das wahrscheinlich daran, dass du zu viel nachdenkst. Nein, ich möchte, dass du *handelst*!

Wie?

Indem du einfach Folgendes tust:

Erledige eine Aufgabe, die du seit Ewigkeiten aufgeschoben hast. Und schließe sie jetzt ab!

Klappe jetzt dieses Buch zu und bringe die Aufgabe zu Ende. Dann schau, was danach passiert.

Bist du nicht sicher, welche Aufgabe du in Angriff nehmen solltest? Dann stelle dir die folgenden Fragen:

- Was ist die eine Aufgabe, die ich erledigen *sollte*, aber nicht erledigen will?
- Wenn ich jetzt eine Aufgabe erledigen müsste, welche würde meinen Geist am meisten befreien? (Dies ist wahrscheinlich eine Aufgabe, über die du nicht aufhören kannst, nachzudenken)

Denke daran, dass es in den meisten Situationen die Handlung ist, die dich befreit. Vor Kurzem hat einer meiner Freunde den folgenden Auszug aus einem Buch des Autors Dan Millman auf Facebook gepostet:

„Um den Verlauf deines Lebens zu ändern, wähle eine von diesen zwei grundlegenden Methoden:

1. *Lenke deine Energie und Aufmerksamkeit bewusst und versuche, deinen Geist zu fixieren, um deinen Fokus zu finden, deine Kraft zu mobilisieren, deine Emotionen zu befreien und positive Ergebnisse zu visualisieren, sodass du schließlich das Selbstvertrauen entwickeln kannst, den Mut zu zeigen, die Entschlossenheit aufzubringen, die Verpflichtung einzugehen, dich ausreichend motiviert zu fühlen, das zu tun, was du tun musst, oder*
2. *Tu es einfach.“*

Ich lade dich ein, „es einfach zu tun".

Lege jetzt dieses Buch weg und führe die Aufgabe zu Ende, die du schon viel zu lange aufgeschoben hast. Vielleicht musst du deine Steuererklärung ausfüllen. Vielleicht solltest du ein Projekt abschließen, das du mittendrin aufgegeben hast. Vielleicht ist es an der Zeit deine Wohnung putzen.

Kürzlich hatte ich einen „Accountability"-Partner, sprich einen Partner, der mir Rechenschaft zu seinen Zielen ablegen muss, und umgekehrt. Dieser wollte seit Monaten den Boden in seinem Flur fertig verlegen. Obwohl er dafür nur ein oder zwei Tage gebraucht hätte, konnte er sich nicht dazu aufraffen. Ich ermutigte ihn, sich ausschließlich auf diese eine spezielle Aufgabe zu konzentrieren und alles andere zu vergessen. Und weißt du, was passiert ist? Er hat die Arbeit abgeschlossen und erzeugte damit einen Motivationsschub, der ihn dazu brachte, viele andere Aufgaben im Haushalt in Angriff zu nehmen.

Das ist die Magie von Momentum. Ich bin absolut davon überzeugt, dass du das Gleiche empfinden wirst, wenn du eine Aufgabe oder Arbeit, die du seit Ewigkeiten aufgeschoben hast, in Angriff nimmst und zu Ende bringst.

Denke daran, dass du Momentum durch Handeln aufbaust, selten durch Denken. Deshalb ist es an der Zeit, dass du handelst und anfängst, diesen Schwung zu erschaffen.

Ich lade dich ein, zu diesem Buch zurückzukehren, sobald du deine Aufgabe erledigt hast, damit wir gemeinsam noch mehr Schwung generieren können.

Es ist Zeit, deinen Körper in Bewegung zu bringen.

Wie der berühmte Life Coach Tony Robbins sagen würde: „Emotion is energy in motion." („Emotion ist Energie in Bewegung")

Stehe auf und beginne, deinen Körper zu bewegen. Mach ein paar Liegestütze, Hampelmänner oder eine Runde Schattenboxen. Bringe einfach deinen Körper in Bewegung. Wenn du kannst, sprich laut zu dir selbst und bestärke dich.

Auf geht's. Erledige diese eine Aufgabe. Ich warte auf dich.

TEIL I

DEINE SITUATION EINSCHÄTZEN

Du bist wieder zurück? Großartig. Ich hoffe, du hast etwas an Schwung gewonnen und fühlst dich jetzt motivierter.

Fühlst du dich immer noch festgefahren? Prokrastinierst du schon seit Tagen und bist unfähig, an einem wichtigen Projekt zu arbeiten? Fehlt dir die Motivation, dich deinem Nebengewerbe zu widmen? Oder steckst du allgemein im Leben fest und weißt nicht, welche Richtung du einschlagen sollst?

Das ist völlig in Ordnung. Wir sind Menschen und können nicht erwarten, dass wir die ganze Zeit voll motiviert sind. Wenn es dir also immer noch an Motivation mangelt, mach dir keine Sorgen. Wir fangen gerade erst an.

Wenn wir uns festgefahren fühlen, übertreiben wir oft und machen ein großes Drama aus den Dingen. Manchmal verlieren wir den Blick für das große Ganze und es kann sich so anfühlen, als würden wir uns nie aus diesem Loch herausziehen können. Aber das ist niemals der Fall. Motivation kann schnell verschwinden, aber sie kann auch genauso schnell wiederkommen. Das ist normal, also gib dir selbst etwas Spielraum und erkenne an, dass es in Ordnung ist, wie du dich jetzt fühlst. Wenn du dich unmotiviert oder deprimiert fühlst, macht dich das nicht zu einer schlechteren Person als noch vor ein paar Tagen oder Wochen, als du glücklich und enthusiastisch warst. Gönne dir eine Pause. Gehe die Sache ruhig an. Setze dich nicht unter Druck und erlaube dir, dich eine Weile zu entspannen.

Sieh dieses Buch als eine wunderbare Gelegenheit für einen Neuanfang an. Erlaube dir, jetzt neu anzufangen. Du hast vielleicht an Schwung verloren, aber wir werden ihn wieder zurückholen.

Im nächsten Abschnitt werden wir uns anschauen, wie du damit beginnen kannst, Stress und Sorgen zu beseitigen, aber lass uns vorerst einen Schritt zurücktreten und das Gesamtbild betrachten.

1. AKZEPTIERE DEINE SITUATION

Machst du dich regelmäßig selbst fertig, weil du prokrastinierst? Fühlst du dich schuldig, weil du nicht die Aufgaben erfüllst, die du erledigen solltest?

Wenn dem so ist, ermutige ich dich, deine gegenwärtige Situation so zu akzeptieren, wie sie ist. Akzeptiere, wo du dich im Moment befindest. Vollkommen. Denke nicht über die Vergangenheit nach und wie du bestimmte Dinge hättest anders machen können. Das wird dich nur in deinem Trott festhalten. Zeige stattdessen Mitgefühl mit dir selbst. Die Tatsache, dass du dich wegen Fehlern aus der Vergangenheit fertigmachst, ist ein echtes Zeichen dafür, dass du jetzt in deinem Leben vorankommen willst.

Du willst deine Ziele erreichen und dich besser fühlen, nicht wahr? Das bedeutet, dass du dich tief im Inneren wirklich um dich selbst sorgst und das Beste für dich willst. Hinter der strengen Art und Weise, wie du dich jetzt behandelst, verbirgt sich eine tiefe Liebe zu dir selbst. Nimm dir also Zeit, diese Tatsache anzuerkennen.

Lass diese Erkenntnis für einen Moment wirken.

Wir neigen dazu, zu glauben, dass Selbstkritik der beste Weg ist, uns selbst zu motivieren, aber in Wahrheit ist sie völlig wirkungslos, ganz zu schweigen davon, dass sie kränkend und schmerzhaft ist. Es hat sich gezeigt, dass Mitgefühl mit sich selbst viel wirksamer ist als sich ständig selbst zu kritisieren.

Warum also nicht lernen, nett zu dir selbst zu sein?

Warum nicht akzeptieren, dass du dich nicht immer großartig fühlen kannst? Denke daran, dass die Zeiten, in denen du dich schlecht oder niedergeschlagen fühlst, immer nur vorübergehend sind. Früher oder später werden sich die grauen Wolken auflösen und du wirst dich besser fühlen.

Du wirst feststellen, dass du deine Motivation umso schneller wiederfindest, je mehr Selbstmitgefühl du entwickelst und je weniger Leid du dir auferlegst.

Nett zu mir selbst zu sein, hat mir sehr geholfen. Ich habe zum Beispiel mit dem Schreiben dieses Buches – und auch anderer – gekämpft, aber ich verstehe, dass dies ein normaler Teil des Prozesses ist. Es ist ein Teil des Menschseins. Niemand ist perfekt. Stell dir vor, wie langweilig dein Leben wäre, wenn du nie irgendwelche Herausforderungen bewältigen müsstest. Wie könntest du jemals stolz auf dich und deine Leistungen sein, wenn alles leicht zu erreichen wäre?

Wie ich in *Meistere Deine Emotionen* geschrieben habe, sind deine Gefühle dazu da, dir etwas zu sagen. Tatsächlich ist es keine schlechte Sache, sich festgefahren oder demotiviert zu fühlen. Emotionen sind das Feedback deines Körpers und Geistes. Sie sind ein Zeichen dafür, dass du etwas an deiner Situation ändern solltest. Zum Beispiel kann ein Mangel an Motivation ein Zeichen dafür sein, dass du Folgendes tun solltest:

- Klären, was du im Leben wirklich willst
- Nicht abgeschlossene Aufgaben zu Ende bringen
- Deine physische Umgebung aufräumen
- Dich mehr auf das konzentrieren, was du gerne tust
- Energieraubende Aktivitäten beseitigen
- Negative Menschen in deinem Leben loslassen

- Dich besser um dich selbst kümmern
- Dich ausruhen, und so weiter

Es gibt viele Gründe für mangelnde Motivation und viele davon werden wir uns in diesem Buch genauer ansehen. Doch wichtig ist: Dort, wo du jetzt bist, ist genau da, wo du jetzt sein sollst. Höre also auf, zu versuchen, woanders zu sein. Akzeptiere stattdessen deine Situation und starte neu, und zwar von dort, wo du *jetzt* bist. Und noch wichtiger: Immer mit der Ruhe! Gib dir die Erlaubnis, deine Sorgen für eine Weile loszulassen. Es gibt absolut keinen Grund, die Last der Welt auf deinen Schultern tragen zu müssen. Das hilft weder dir noch sonst jemandem.

Entspann dich einfach.

2. DIE FAKTEN OFFENLEGEN

Machst du dich selbst fertig, verurteilst du dich oder machst du aus einer Mücke einen Elefanten?

Wenn ja, dann schenkst du wahrscheinlich deinen negativen Gedanken zu viel Aufmerksamkeit, anstatt die Fakten objektiv zu betrachten. Wenn du dich in einem negativen Zustand befindest, wird das schnell zur Normalität. Mit anderen Worten: Negative Gedanken, die einst unbemerkt an dir vorbeigegangen sind, rücken nun in den Mittelpunkt deiner Aufmerksamkeit. Und während du dich mit diesen negativen Gedanken identifizierst, erzeugst du noch mehr negative Emotionen.

Die Erfahrung negativer Emotionen ist manchmal unvermeidlich, aber bitte denke daran, dass die meisten psychischen Leiden vermieden werden können. Diese Art von psychischem Leiden tritt nur dann auf, wenn du dich zu sehr mit diesen negativen Emotionen identifizierst und ihnen viel mehr Macht verleihst, als sie wirklich haben. Nimm jetzt etwas Abstand und betrachte die Situation, in der du dich gerade befindest. Frage dich selbst:

- Wird das in zwanzig Jahren überhaupt noch eine Rolle spielen?

- Ist es das erste Mal, dass ich mich so fühle?
- Ist das wirklich so eine große Sache?
- Ist das Ereignis im Weltmaßstab relevant?
- Was kann ich jetzt dagegen tun?

Ich konnte zum Beispiel mehrere Tage nicht an diesem Buch arbeiten und litt unter mangelnder Motivation. Lass uns nun die Fakten darlegen und sie von der Geschichte trennen, die sich in meinem Kopf abgespielt hat.

Fakten:

- Ich habe ein paar Tage lang nicht an meinem Buch gearbeitet.

Interpretationen:

- Mir fehlt es an Disziplin.
- Ich bin faul.
- Ich bin nicht gut genug.

Zu dem psychischen Leiden, das ich erlebte, gehörten auch folgende Gefühle:

- Scham
- Schuldgefühle
- Wut
- Frustration

Wenn wir die Fakten von meiner Interpretation trennen, können wir nur sagen, dass ich ein paar Tage lang nicht geschrieben habe. Das ist alles und mehr gibt es dazu nicht zu sagen.

Die Frage ist nun, ist das so eine große Sache? Wenn ich mir die Zeit nehmen würde, das große Ganze zu betrachten, wäre dies dann etwas, worüber ich mir Gedanken machen müsste? Wahrscheinlich nicht.

Wird es in zwanzig Jahren noch eine Rolle spielen? Definitiv nicht.

War es das erste Mal, dass ich mich so gefühlt habe? Nein. Ich habe mich schon vorher genauso gefühlt und es geschafft, diesen Zustand zu überwinden.

Ist das Ereignis im Weltmaßstab relevant? Natürlich nicht!

Was kann ich jetzt dagegen tun? Unter anderem kann ich mir selbst Mitgefühl zeigen oder ich kann mit einem Freund sprechen, um eine externe Perspektive zu erhalten.

Wenn du lernst, die reinen Fakten von deiner Interpretation zu trennen, kannst du einen Schritt zurücktreten und deine Situation aus einem objektiven Blickwinkel betrachten. Denke daran, dass Fakten kein seelisches Leiden verursachen – sondern deine Interpretation der Fakten.

Übung: Die Fakten offenlegen

Schreibe mithilfe deines Aktionshandbuches die reinen Fakten zu deiner aktuellen Situation auf. Achte darauf, dich zu distanzieren und die Situation objektiv zu betrachten. Schreibe dann deine Interpretation auf und wie du dich fühlst.

Notiere schließlich, was du tun kannst, um die Situation zu verbessern.

3. FINDE EINE EXTERNE PERSPEKTIVE

Wenn wir allein sind, können wir leicht den Blick für das große Ganze verlieren und uns auf Dinge konzentrieren, die nicht wichtig sind. Mit jemand anderem zu sprechen, kann dir helfen, die Dinge aus einem anderen Blickwinkel zu sehen und dich aus deiner Krise herauszuholen. Wenn du das tust, wirst du wahrscheinlich feststellen, dass du aus einigen Dingen ein großes Drama gemacht hast. Wenn du dich also immer wieder dabei ertappst, dass du dir über die gleiche Sache Sorgen machst, solltest du in Erwägung ziehen, die Angelegenheit mit einem Freund zu besprechen. Achte darauf, dass dein Freund ein positiver Mensch ist, der dich aufmuntern wird.

Er oder sie sollte in der Lage dazu sein, dich zu ermutigen und dir aufmerksam zuzuhören, ohne dich zu verurteilen.

Versetze dich in die Lage eines anderen

Alternativ kannst du dich in die Lage eines anderen Menschen versetzen. Stell dir vor, dass diese Person dein Leben objektiv betrachtet. Wie würde er oder sie deine Sorgen im Großen und Ganzen wahrnehmen? Was würden zum Beispiel deine Eltern sagen? Was würde dein Partner sagen? Deine Freunde? Deine Kollegen?

Du könntest dir auch überlegen, was du deinem besten Freund sagen würdest, wenn er sich in deiner Situation befinden würde. Wie würdest du ihn ermutigen? Welche genauen Worte würdest du zu ihm sagen? Anschließend, handle dir selbst gegenüber genauso. Wie fühlst du dich dabei?

Übung: Aus dir herausgehen

Führe mithilfe deines Aktionshandbuches eine, zwei oder alle der folgenden Übungen aus:

- Sprich mit einem Freund
- Sieh deine Situation mit den Augen eines anderen
- Stelle dir vor, dein bester Freund befindet sich in einer ähnlichen Situation

Im nächsten Abschnitt werden wir uns ansehen, was du konkret tun kannst, um ein Momentum zu erzeugen, mit dem du deine Motivation zurückgewinnen kannst.

TEIL II

MOMENTUM AUFBAUEN

Willst du Momentum aufbauen und die Ziele erreichen, die dich am meisten begeistern? Wenn ja, dann lies weiter.

Menschen tun sich aus verschiedenen Gründen schwer, Momentum aufzubauen. In diesem Abschnitt konzentrieren wir uns auf die vier Schritte, die du durchführen kannst, um dein Momentum zu stärken und sicherzustellen, dass du produktiv und konzentriert bist, anstatt festzusitzen und deine Zeit zu verschwenden.

Zunächst werden wir uns darauf konzentrieren, deinen Geist und deine Umgebung zu entrümpeln, damit du deine Sorgen reduzieren kannst.

Im zweiten Schritt werden wir daran arbeiten, zusätzliche Klarheit darüber zu erlangen, was du zu erreichen versuchst, damit du dich voll und ganz darauf ausrichten kannst. Dazu werden wir deine Kernwerte, deine Persönlichkeit und deine Vision näher beleuchten.

Danach werde ich dich einladen, das Neue anzunehmen und deine Komfortzone zu verlassen. Das wird dir einen Motivationsschub geben und dir helfen, noch mehr Schwung aufzubauen.

Schließlich werden wir darauf eingehen, wie wichtig es ist, etwas zu

Ende zu bringen. Du wirst schnell entdecken, warum es für dich so wichtig ist, die Gewohnheit zu entwickeln, das fertigzustellen, was du begonnen hast. Natürlich werden wir auch besprechen, wie du das schaffst.

Also gut, fangen wir an.

1. AUFRÄUMEN

Fühlst du dich oft festgefahren oder überfordert? Wünschst du dir, dass du in deinem Alltag mehr innere Ruhe erfährst?

Das liegt daran, dass dein Kopf zu voll ist. Er ist wahrscheinlich überfüllt mit:

- unvollendeten Angelegenheiten
- unnötigen Sorgen
- unproduktiven Aufgaben
- unnötigen Ablenkungen und/oder
- schlecht definierten Zielen

Kurz gesagt, anstatt fokussiert zu sein, ist dein Geist zerstreut. Und die ständige Ablenkung, die du täglich erlebst, lässt dich unkonzentriert, gestresst und erschöpft zurück.

In diesem Abschnitt erfährst du, wie du deinen Verstand und deine Umgebung aufräumen kannst, damit du dich frei und mühelos auf deine Ziele zubewegen kannst.

A. Verbinde dich wieder mit der Gegenwart

Machst du dir zu viele Sorgen? Hast du Probleme, auf die du dich immer wieder konzentrieren musst?

Wenn dem so ist, dann werden genau diese Probleme wahrscheinlich deinen Seelenfrieden stören und dir das Leben schwerer machen, als es ist. Der Grund, warum du dir zu viele Sorgen machst, ist, dass du zu viel Zeit damit verbringst, dich auf Dinge zu konzentrieren, die du nicht ändern kannst. Du verweilst in deiner Vergangenheit, ohne sie ändern zu können oder du machst dir Sorgen über deine Zukunft und fragst dich, ob alles gut ausgehen wird.

Um deine Sorgen zu verringern, musst du lernen, in der Gegenwart zu leben. Du kannst immer nur einen Tag, eine Stunde, eine Minute, eine Sekunde auf einmal leben. Gestern ist vorbei. Du hast getan, was du tun konntest, also lass die Vergangenheit los und bewege dich vorwärts. Morgen ist noch nicht hier. Du wirst dich um alles kümmern, was kommt, wenn es so weit ist. Aber zu diesem Zeitpunkt gibt es nur einen Moment, auf den du dich konzentrieren kannst, und das ist genau jetzt.

Bevor wir fortfahren, lass uns eine einfache Übung durchführen. Verbringe ein paar Minuten damit, darüber nachzudenken, dass dieser Moment das Einzige ist, was real ist und jemals real sein wird. Denke nicht nach. *Fühle* den gegenwärtigen Moment. Werde dir all deiner Sinne bewusst. Nimm wahr, wie sich dein Körper anfühlt. Höre all die Geräusche. Beobachte den Raum, in dem du dich befindest und suche nach Dingen, die dir noch nie zuvor aufgefallen sind.

Jetzt erkenne, dass deine Vergangenheit nicht mehr da ist. Sie existiert nur noch als Erinnerung, auf die du im gegenwärtigen Moment zurückschauen kannst. Meditiere eine Weile darüber.

Deine Vergangenheit ist vorbei. Für immer.

Beachte auch, dass alles, was du als „deine Vergangenheit" bezeichnest, weitgehend das Ergebnis deines gewählten Blickwinkels und deiner persönlichen Interpretation der vergangenen Ereignisse ist. Jeden Tag erschaffst du deine Vergangenheit neu, indem du

Erinnerungen abrufst und sie auf eine bestimmte Art und Weise interpretierst.

In ähnlicher Weise sei dir bewusst, dass die Zukunft eine Konstruktion deines Geistes ist. Das Morgen ist ein Konzept, keine Realität. Du kannst nur den gegenwärtigen Moment erleben. Deshalb kannst du deine Zukunft nur durch deine Handlungen *im gegenwärtigen Augenblick* verändern. Ganz gleich, wie sehr du dich um das Morgen sorgst, die Sorge allein wird nichts ändern. Sie wird nur deinen Seelenfrieden stören und deine Fähigkeit behindern, auf die bestmögliche Art und Weise zu handeln.

Das ist das Ende der Meditation.

Wie fühlst du dich jetzt? Fühlst du dich leichter und geerdeter?

Es sieht nämlich so aus: Du musst nicht ständig die Last deiner Vergangenheit oder die Verantwortung für deine Zukunft mit dir herumtragen. Du kannst loslassen und anerkennen, dass du im Moment nur eine Aufgabe erledigen musst. Es genügt, *im gegenwärtigen Augenblick* dein Bestes zu geben. Tatsächlich ist es das *Einzige*, was du je tun kannst.

Der gegenwärtige Moment bietet eine Unendlichkeit von Möglichkeiten

Der gegenwärtige Moment öffnet die Tür zu grenzenlosen Möglichkeiten für Veränderungen. Ist dir jemals aufgefallen, wie viele Aktionen dir zu einem bestimmten Zeitpunkt zur Verfügung stehen? Jede Sekunde, die vergeht, bietet uns die Chance, eine andere Entscheidung zu treffen, die den Verlauf unseres gesamten Lebens verändern könnte. Wir treffen im Durchschnitt 35.000 Entscheidungen pro Tag. Nun frage dich, wie viele neue Entscheidungen du wirklich treffen musst, um dein Leben zu verbessern?

Nicht viele.

Tatsächlich haben ein paar tägliche Gewohnheiten, an denen du langfristig festhältst, die Macht, dein Leben in den kommenden Monaten und Jahren zu verändern. Wenn du mir nicht glaubst, lade ich dich ein, ein paar neue tägliche Gewohnheiten einzuführen und zu sehen, was passiert. In meinem Buch „*Habits That Stick*" biete ich dir eine Liste von sieben, starken, täglichen Gewohnheiten an. Diese sind:

#1 Tägliche Ziele setzen

Nach meiner Erfahrung steigert das tägliche Setzen von Zielen deine Produktivität drastisch. Um deine Ziele festzulegen, nimm einfach einen Stift und ein Blatt Papier und mach eine Liste mit drei bis fünf Aufgaben, die du im Laufe des kommenden Tages erledigen willst. Ordne dann deine Aufgaben nach Prioritäten, indem du sie in der Reihenfolge ihrer Wichtigkeit nummerierst. Beginne mit der Arbeit an deiner wichtigsten Aufgabe, bis du sie abgeschlossen hast, dann und nur dann, gehe zur nächsten Aufgabe über. Wiederhole den Vorgang bis zum Ende der Liste. Führe dies jeden Tag durch.

#2 Deine großen Ziele jeden Tag durchlesen

Dies ist ein wirksames Mittel, um sicherzustellen, dass du bei all deinen großen Zielen auf Kurs bleibst. Wenn viel im Leben passiert, verliert man seine Ziele leicht aus den Augen, aber indem du sie täglich laut vorliest, kannst du dies verhindern.

#3 Meditieren

Meditation bietet eine Vielzahl von Vorteilen. Du kannst damit beginnen, jeden Tag nur ein paar Minuten zu meditieren. Es gibt viele Möglichkeiten zu meditieren, zum Beispiel kannst du die Augen schließen und dich auf deinen Atem konzentrieren.

#4 In Dankbarkeit üben

Keine Dankbarkeit auszudrücken, ist ein Hauptgrund für Unzufriedenheit. Menschen neigen dazu, alles für selbstverständlich zu halten und die kleinen Dinge im Leben (oder auch die großen) nicht voll wertzuschätzen. Wenn du täglich Dankbarkeit übst, verbessert das deine Stimmung und steigert deine Motivation. Weitere Einzelheiten findest du im kommenden Abschnitt „*Tägliche Dankbarkeit üben*".

#5 Motivierende Inhalte konsumieren

Wenn du deinen Geist täglich mit inspirierendem Material fütterst, wirst du langfristig motivierter sein. Wenn du keine Zeit zum Lesen findest, kannst du versuchen, dir aufbauende Hörbücher oder Podcasts anzuhören.

#6 Selbstreflexion

Sich ein paar Minuten Zeit zu nehmen, um über den Tag nachzudenken, ist eine sehr effektive Möglichkeit, sich selbst zu verbessern. Wenn du die Ereignisse deines Tages analysierst, stelle dir dabei folgende Fragen:

- Was habe ich heute gut gemacht?
- Was hätte ich besser machen können?
- Wovon kann ich heute lernen?
- Was werde ich in Zukunft anders machen?

#7 Täglich trainieren

Heutzutage verbringen viele Menschen zu viel Zeit damit, zu sitzen und auf ihren Fernseher oder Computer zu starren. Tägliche Bewegung verbessert nicht nur deine körperliche Gesundheit, sondern hebt auch deine Stimmung an. Denke daran, dass Bewegung ein starkes Antidepressivum ist.

Jede dieser sieben täglichen Gewohnheiten trägt dazu bei, Momentum zu erzeugen und kann dein Wohlbefinden, dein Selbstvertrauen und deine Produktivität drastisch steigern. Es ist nicht weit hergeholt zu sagen, dass nur ein paar Entscheidungen, die du täglich triffst, ausreichen, um dein Leben zu verändern.

Welche nützliche, tägliche Gewohnheit könntest du ab heute in dein Leben integrieren?

Vertraue deinem zukünftigen „Ich"

Wie die meisten Menschen machst du dir wahrscheinlich Sorgen über die Zukunft und versuchst verzweifelt, dich in deinen Gedanken dorthin zu versetzen. Ich behaupte, dass dies nichts anderes als völliger Wahnsinn ist. Du kannst niemals woanders „im Jetzt" sein. Natürlich kannst du deine Zukunft *visualisieren*, um dir dabei zu helfen, in der Gegenwart besser zu handeln, aber das meine ich hier nicht. Ich spreche von deinem Versuch, deine Zukunft zu verändern, indem du dir Sorgen um sie machst. Dahinter steckt ein falscher Glaube, dass du dadurch deine Zukunft verändern kannst. Doch leider funktioniert das nicht. Die bloße Sorge über die morgige Präsentation wird dir nicht viel helfen, wenn du in der Gegenwart nicht tatsächlich etwas tust, um deine Bedenken zu eliminieren.

Stattdessen lade ich dich ein, deinem zukünftigen Ich zu vertrauen. Dein vergangenes Selbst war in der Lage, viele Herausforderungen zu meistern. Warum sich also jetzt um zukünftige Probleme sorgen? Warum überlässt du die Verantwortung für die Zukunft nicht deinem zukünftigen Selbst und vertraust darauf, dass es mit diesen Herausforderungen effektiv umgehen wird?

Stell dir vor, wie es sich anfühlen würde, wenn du deinem zukünftigen Ich völlig vertrauen könntest und ihm erlauben würdest, dir die schwere Last von den Schultern zu nehmen. Das wäre doch großartig, oder?

Übung: Übertrage Verantwortung auf dein zukünftiges Ich

Wie wir festgestellt haben, kann dein gegenwärtiges Selbst nur mit der Gegenwart umgehen. Die einzige Person, die mit deiner Zukunft umgehen kann, ist dein zukünftiges Ich. Es liegt in seiner oder ihrer Verantwortung, dies zu tun, nicht in deiner. Gehe mithilfe deines Aktionshandbuches den folgenden Vier-Schritte-Prozess durch:

1. Atme ein paar Mal tief durch und entspanne dich.
2. Erinnere dich an die Leistungen und Herausforderungen, die du in der Vergangenheit bewältigt hast. Du warst bis jetzt in der Lage alles zu meistern und zu überleben, und dein zukünftiges Selbst wird die Herausforderungen gut meistern.
3. Stell dir vor, wie du all deine Sorgen über die Zukunft auf dein zukünftiges Ich überträgst. Spüre, wie du leichter und „präsenter" wirst.

4. Konzentriere dich wieder auf das, was du heute tun kannst, und zwar *nur darauf*.

B. Sortiere deine Sorgen aus

„Lassen Sie mich Ihnen zeigen, wie viel Zeit wir damit verschwenden, uns um die falschen Probleme zu sorgen. Hier ist eine zuverlässige Schätzung der Dinge, über die sich Menschen Sorgen machen: Dinge, die niemals geschehen, 40%; Dinge, die vorbei sind und in der Vergangenheit liegen und die durch all die Sorgen der Welt niemals geändert werden können, 30%; unnötige Sorgen um unsere Gesundheit, 12%; belanglose verschiedene Sorgen, 10%; echte, legitime Sorgen, 8%. Kurz gesagt, 92% der Sorgen des Durchschnittsmenschen nehmen wertvolle Zeit in Anspruch, verursachen schmerzhaften Stress, sogar psychische Qualen, und sind absolut unnötig," – Earl Nightingale, Motivationsredner.

Wir machen uns alle zu viele Sorgen. Wenn du dir genau anschaust, worüber du dir Sorgen machst, wirst du feststellen, dass du dazu neigst, dich immer wieder um die gleichen Dinge zu sorgen. Es könnte deine finanzielle Situation sein, deine Beziehungen oder deine Karriere.

In den meisten Fällen sind diese Sorgen jedoch eine völlige Zeitverschwendung. Sie zerstören deinen Seelenfrieden und schaffen unnötiges Leid in deinem Leben. Wenn du zu viele Sorgen in deinem Geist zulässt, kannst du dich leicht überwältigt fühlen.

Es ist möglich, Sorgen in die folgenden drei Hauptkategorien einzuordnen:

a) Sorgen über Dinge, über die du *Kontrolle* hast

1. Sorgen über Dinge, über die du *etwas Kontrolle* hast
2. Sorgen über Dinge, über die du *keine Kontrolle* hast

Wenn du lernst, mit deinen Sorgen auf der Grundlage dieser drei Kategorien umzugehen, wirst du anfangen, die Dinge klar zu sehen und du wirst in der Lage sein, viele deiner Bedenken auszuräumen oder abzuschwächen.

Lass uns nun die einzelnen Kategorien der Reihe nach durchgehen.

a) Dinge, über du Kontrolle hast

In dieser Welt gibt es Dinge, über die du direkte Kontrolle hast. Das sind die Dinge, die du in Angriff nehmen kannst. Zum Beispiel kannst du dich bewusst entscheiden:

- Fernzusehen oder an deinem Nebengewerbe zu arbeiten
- Jemanden zu konfrontieren oder nichts zu sagen
- Dich deinen Ängsten zu stellen oder davonzulaufen
- Dich im Voraus auf eine Prüfung vorzubereiten oder erst im letzten Moment
- Anderen die Schuld zu geben oder Verantwortung zu übernehmen

Du hast die Macht, zu bestimmen, wie du auf die Ereignisse reagierst, die dir widerfahren. Daher ist es für jeden Aspekt deines Lebens, über den du die Kontrolle hast, wichtig, dass du die entsprechenden Maßnahmen ergreifst, anstatt nur auf deine Umgebung zu reagieren. Du hast oft weit mehr Macht, deine Situation zu verändern, als du glaubst.

Um deine Sorgen über Dinge, die in deiner Kontrolle liegen, zu verringern, kannst du:

1. Anerkennen, dass du Kontrolle über sie hast
2. Herausfinden, was du tun kannst
3. Entsprechend handeln

Welche Sorgen könntest du verringern, wenn du die Verantwortung für sie übernehmen würdest?

b) Dinge, über die du teilweise Kontrolle hast

Es gibt auch einige Dinge, über die du nur teilweise Kontrolle hast. Zum Beispiel kannst du dir nicht sicher sein, ob du dein Tennisspiel gewinnst, aber du hast eine gewisse Kontrolle über das Ergebnis. Wenn du vorher genug übst oder mit einem Trainer zusammenarbeitest, kannst du deine Leistung verbessern und somit deine Gewinnchancen erhöhen.

Ebenso kannst du nicht mit Sicherheit wissen, ob dein Date dich mögen wird. Wenn du jedoch an dir selbst arbeitest, Beziehungsratgeber liest oder einen Dating-Coach engagierst, wirst du selbstbewusster und erhöhst somit die Chancen, dass dein potenzieller Partner dich mag.

Der Punkt ist: Du kannst den Ausgang vieler Situationen beeinflussen, indem du entsprechend handelst, z.B. dich im Voraus vorbereitest oder eine positivere Haltung gegenüber Widrigkeiten einnimmst. Konzentriere dich also nicht auf den Ausgang eines zukünftigen Ereignisses, sondern darauf, was du *jetzt* tun kannst, um die Chancen zu erhöhen, dass sich die Dinge gut entwickeln.

Kurz gesagt: Finde heraus, worüber du Kontrolle hast und gib dein Bestes. Lass dann dein Bedürfnis los, alles andere kontrollieren zu müssen. Weitere Einzelheiten findest du im Abschnitt, *Richtige Handlung vs. richtiges Ergebnis.*

c) Dinge, über die du keine Kontrolle hast

Es gibt auch viele Dinge, über die du keine Kontrolle hast. Dennoch besteht die Möglichkeit, dass du dir trotzdem ständig Sorgen über diese Dinge machst. Zum Beispiel kannst du das Wetter nicht kontrollieren, aber du wirst dich wahrscheinlich aufregen, wenn es an dem Tag, an dem du ein Picknick geplant hast, regnet. Du kannst deine Vergangenheit nicht ändern, aber du verbringst viel Zeit damit, über sie nachzudenken. Du kannst deine Zukunft nicht kontrollieren, aber du verschwendest wahrscheinlich viel Zeit und Energie damit, dir Gedanken über sie zu machen.

Hier sind einige Dinge, auf die du keinen Einfluss hast:

- Deine Vergangenheit
- Deine Zukunft
- Naturkatastrophen, Kriege und andere Weltereignisse
- Das Wetter
- Die meisten Dinge, die um dich herum passieren (z.B.

Verkehrsstaus oder Leute, die nicht pünktlich zu einer
Besprechung kommen, usw.)

Wenn du all die Dinge untersuchst, die dir Sorgen bereiten, wirst du
in der Tat feststellen, dass du in den meisten Fällen absolut nichts
dagegen tun kannst. Lass uns nun eine einfache Übung machen, die
dir helfen soll, viele deiner Sorgen abzulegen.

Übung: Deine Sorgen aussortieren

Nimm ein Blatt Papier oder schlage den entsprechenden Abschnitt
deines Aktionshandbuches auf. Erstelle vier Spalten und gib ihnen
folgende Titel:

- Dinge, über die ich mir Sorgen mache
- K/EK/KK (Kontrolle/etwas Kontrolle/keine Kontrolle)
- Wie hilft mir das?
- Was kann ich dagegen tun?

Schreibe in die erste Spalte all die Dinge, über die du dir Sorgen
machst, egal ob sie klein oder groß sind. Du kannst dich zum Beispiel
um deinen Job sorgen, um deine finanzielle Situation oder um die
Tatsache, dass du noch nicht den richtigen Partner gefunden hast.
Oder du machst dir Gedanken über bestimmte Ereignisse, die in der
Vergangenheit geschehen sind.

Schreibe in die zweite Spalte, ob du die Situation vollständig
kontrollieren (K), etwas kontrollieren (EK) oder gar nicht
kontrollieren (KK) kannst.

Schreibe in der dritten Spalte auf, wie du davon profitierst. Hilft es
dir in irgendeiner Weise oder bringen dir die Sorgen nichts?

Schreibe schließlich in der letzten Spalte auf, welche Maßnahmen
dir helfen können, die Situation zu erleichtern. Könntest du dich
entscheiden, dich nicht mehr darauf zu konzentrieren und
loszulassen? Könntest du Maßnahmen ergreifen, um die Sorgen zu
verringern? Könntest du jemanden um Rat fragen?

Während du diese Übung machst, wirst du feststellen, dass die meisten Dinge, über die du dir Sorgen machst, Sachen sind, über die du wenig oder gar keine Kontrolle hast.

Der Fehler, den die meisten Menschen machen, ist, in einer Vergangenheit zu verweilen, die sie nicht ändern können, oder sich Sorgen über eine Zukunft zu machen, die (noch) nicht existiert, oder sich ständig über Dinge zu beschweren, auf die sie keinen Einfluss haben.

Wie viele deiner Sorgen sind eigentlich berechtigt und wie willst du sie verschwinden lassen? Ich würde sagen, dass du in den meisten Situationen immer nur drei Möglichkeiten hast:

1. Tu etwas dagegen
2. Akzeptiere es
3. Sorge/Beschwere dich darüber

Die meisten Menschen wenden viel Energie auf, um sich darüber zu beklagen, was in ihrem Leben passiert. Doch so verlockend es auch sein mag, dich zu beschweren, so hilft es dir nicht weiter. Stattdessen beraubt es dich deiner Handlungsfähigkeit. Beachte: Je mehr du dich über etwas beschwerst, desto weniger neigst du dazu, etwas zu unternehmen. Wann immer dir etwas Sorgen bereitet, frage dich, was du dagegen unternehmen willst. Wirst du aktiv etwas dagegen tun, es akzeptieren oder dich darüber beschweren?

Du hast die Wahl.

Bonus-Übung

Um noch tiefer in dieses Thema einzutauchen, ermutige ich dich zu einer **7-tägigen Null-Beschwerde-Challenge.**

Vermeide in den nächsten sieben Tagen so weit wie möglich, dich laut oder in deinem Kopf zu beschweren. Wenn du das bewusst tust, wirst du erkennen, dass Beschwerden oft deine Art sind, konstruktive Handlung zu vermeiden. Beschweren ist oft der einfache Ausweg, weshalb die meisten Menschen lieber ihre Zeit damit verbringen. Um bei dieser Herausforderung am Ball zu bleiben, lege dir ein Gummiband um dein Handgelenk und schnipse es jedes Mal, wenn du dich dabei ertappst, wie du dich beschwerst.

C. Offene Loops schließen

Leidest du unter chronischer Ablenkung? Fühlst du dich überfordert? Steckst du fest und kommst nicht weiter?

Zu Beginn dieses Buches habe ich dich eingeladen, eine Aufgabe zu erledigen, die du bis dato aufgeschoben hast. Lass uns nochmal ausführlicher darüber sprechen.

Zu jedem Zeitpunkt hast du eine Liste von Dingen im Kopf, die du erledigen willst. Nennen wir sie deine geistige To-Do-Liste. Vielleicht ist dir die Anzahl der Aufgaben, die sich angesammelt haben, nicht bewusst, aber diese Aufgaben ziehen dich in der Regel nur runter. Wenn du zu viele unerledigte Aufgaben anhäufst, fühlst du dich festgefahren und nicht in der Lage, so voranzukommen, wie du es gerne hättest. Oft weißt du nicht einmal, *warum* du dich festgefahren fühlst.

Wenn du bei der Erfüllung deiner Aufgaben auf Schwierigkeiten stößt, ist das in der Regel ein Zeichen dafür, dass du deinen Kopf frei bekommen musst. Während dein Verstand Informationen erstaunlich gut verarbeiten kann, ist es nicht die beste Lösung, deine Sorgen oder Probleme im Kopf zu behalten. Der einfache Akt des Niederschreibens wird dir helfen, die Dinge zu durchdenken und wird dich dazu zwingen, deine Gedanken zu klären. Anstatt ein abstraktes Problem im Kopf zu haben, wirst du durch das Aufschreiben über etwas Greifbares verfügen, an dem du arbeiten kannst. So sind Stift und Papier fantastische Werkzeuge, die dir helfen werden, deine Gedanken zu organisieren und deine Probleme näher zu betrachten.

Übung: Offene Loops schließen

Erstelle eine Liste aller Aufgaben, die dir im Kopf herumschwirren, unabhängig davon, ob sie von Bedeutung sind oder nicht. Du kannst auch einen Schritt weiter gehen und deine Liste in Kategorien aufteilen, zum Beispiel Papierkram, tägliche Aufgaben, arbeitsbezogene Angelegenheiten usw. Plane dann Zeit ein, um diese Aufgaben zu erledigen. Du kannst zum Beispiel einen kompletten Tag einplanen, um alle Aufgaben fertigzustellen, die du aufgeschoben hast, oder eine ganze Woche für den Abschluss eines Projekts. Plane es so ein, wie es für dich am besten funktioniert. Denke daran, dass alles, was du nicht geplant oder abgeschlossen hast, deine geistigen Ressourcen in Anspruch nimmt. Wenn du zulässt, dass sich zu viele unvollständige Aufgaben ansammeln, kann das Stress und Überforderung zur Folge haben. Mach deinen Geist frei und du wirst dich motivierter fühlen.

D. Gib dir mehr Freiheiten in deinem Zeitplan

Verbringst du zu viel Zeit mit unwichtigen Dingen? Wenn ja, dann solltest du deinen Zeitplan womöglich etwas freier gestalten.

Wenn du jeden Tag zu viele Aufgaben zu erledigen hast, kann dich das überfordern, und dich müde und demotiviert zurücklassen. Stell dir vor, du müsstest achtzig Prozent deiner täglichen Aktivitäten streichen. Welche Aufgaben würdest du weglassen? Welche Aufgaben würdest du abgeben? Zu wem würdest du Nein sagen?

Um die Kontrolle über deinen Tag zu übernehmen, ist es unerlässlich, dass du skrupellos wirst, wenn es um deine Zeit geht und womit du sie verbringst. Wenn Milliardäre, wie Bill Gates, ihre Termine in Fünf-Minuten-Schritten planen, haben sie einen guten Grund, dies zu tun. Als Faustregel gilt: Je mehr du deine Zeit respektierst, desto produktiver wirst du. Und umgekehrt: Je öfter du deine Zeit jedem, der darum bittet, zur Verfügung stellst, umso überforderter wirst du dich fühlen und umso weniger wirst du erreichen.

Lass uns sehen, wie du Ordnung in deinen Zeitplan bringen kannst, indem du lernst, Nein zu sagen und unnötige Aufgaben aus deinem Terminplan streichst.

Warum du Schwierigkeiten hast, Nein zu sagen

Es ist nicht einfach, Nein zu den Bitten anderer zu sagen. Tatsächlich gibt es eine ganze Reihe von Gründen, warum es dir schwer fallen könnte, Nein zu sagen. Lass uns einige davon durchgehen.

a) Mangel an Klarheit

Ein Grund, warum es dir vielleicht schwer fällt, Nein zu sagen, ist, dass dir eine klare Vision fehlt. Du weißt nicht, was du willst oder wohin du willst, und deshalb lässt du dich leicht ablenken. Natürlich ist es nicht immer möglich, bei der Arbeit oder in deinem Privatleben Nein zu sagen. Aber denke daran, als Faustregel gilt: Je mehr du dir darüber im Klaren bist, was dir wichtig ist und was deine Ziele und Werte sind, desto leichter wird es dir fallen, die richtigen Entscheidungen zu treffen und Nein zu sagen, wenn es nötig ist.

Erfolgreiche Menschen müssen Anfragen meist ablehnen. Und das ist einer der Gründe, warum sie so erfolgreich sind: Sie haben klare Prioritäten, klar definierte Werte und eine bestimmte Vision.

Die folgende Geschichte von Richard Branson, der milliardenschwere Gründer von Virgin, ist ein gutes Beispiel für diese Situation. Ein Unternehmen, welches Richard Branson als Hauptredner engagieren wollte, bot an, 100.000 Dollar für eine einstündige Rede zu zahlen, aber er lehnte ab. Sie erhöhten ihr Angebot auf 250.000 Dollar, aber auch hier lehnte er ab. Dann 500.000 Dollar – es war immer noch ein Nein. Schließlich boten sie ihm an, jeden erdenklichen Preis zu bezahlen. Trotz dieses lukrativen Angebots erhielten sie die folgende Nachricht aus seinem Büro:

„Der Geldbetrag spielt keine Rolle. Im Moment hat Richard drei strategische Prioritäten, auf die er sich konzentriert und er wird uns nur erlauben, seine Termine für etwas zu machen, das wesentlich zur Verwirklichung einer dieser drei Prioritäten beiträgt. Und Geld für eine Rede zu bekommen, gehört derzeit nicht dazu."

Wie du sehen kannst, weiß Richard Branson genau, was er tut und wohin er geht, und er lässt sich durch nichts davon abhalten, sich auf seine obersten Prioritäten zu konzentrieren. Nun, im Gegensatz zu Richard Branson erhältst du wahrscheinlich nicht jeden Tag Hunderte von Anfragen, aber wie willst du das Leben gestalten, das du dir wünschst und den Erfolg erzielen, nach dem du dich sehnst, wenn du nicht in der Lage bist, Nein zu sagen? Und was wird passieren, wenn du in Zukunft immer erfolgreicher wirst? Wenn du jetzt nicht Nein sagen kannst, wie wirst du dann in Zukunft in der Lage sein, Nein zu sagen?

b) Mangelndes Durchsetzungsvermögen

Ein weiterer Grund, warum es dir vielleicht schwer fällt, Anfragen abzulehnen, ist, dass du Angst hast, die Gefühle anderer Menschen zu verletzen. Wie die meisten Menschen auch möchtest du wahrscheinlich, dass jeder dich mag. Diese Art von Verhalten ist zwar verständlich, erlaubt es dir aber nur selten, dein Bestes zu geben oder dir das Leben so zu gestalten, wie *du* es dir wünschst. Vielleicht belügst du dich selbst, indem du vorgibst, selbstlos zu handeln, aber das ist oft nicht der Fall.

Tatsächlich ist es nicht selbstlos, sondern egoistisch, jedem alles recht machen zu wollen. Wenn du versuchst, Menschen zu gefallen, handelst du aus Angst davor, nicht geliebt zu werden. Folglich liegt der Schwerpunkt nicht auf der anderen Person, sondern auf dir selbst und was andere von dir denken. Aus diesem Grund kommt „Mr. Nice Guy" oft als Letzter ins Ziel. Statt er selbst zu sein, trägt er eine Maske, in der Hoffnung, einen guten Eindruck zu machen. Er verbirgt seine wahre Persönlichkeit, aus Angst, abgelehnt zu werden. Am Ende *wird* er aber trotzdem oft zurückgewiesen, ironischerweise nicht für das, was er wirklich ist, sondern für das, was er vorgibt zu sein.

Schlimmer noch, auf lange Sicht führt diese Art von Verhalten dazu, dass du einen Groll gegenüber Menschen aufbaust, die deine Freundlichkeit ausnutzen. Unter dieser Bedingung wirst du, anstatt echte Beziehungen zu Menschen zu haben, falsche Beziehungen entwickeln, die auf Groll und auf der Angst beruhen, dein wahres Selbst zu zeigen. Dieser Mangel an Durchsetzungsvermögen und die Neigung, anderen Menschen alles recht machen zu wollen, sind oft auf ein unzureichendes Selbstwertgefühl zurückzuführen. Ein Mangel an Selbstwertgefühl kann dich zum Beispiel an Folgendes hindern:

- Für deine Werte und das, woran du glaubst, einzustehen
- Zu akzeptieren, dass einige Leute dich nicht mögen werden
- Deine Zeit (und dich selbst) wertzuschätzen
- Erwartungen auszusprechen und klare Grenzen zu setzen
- Dich für eine klare Richtung zu entscheiden, der du folgen willst

c) Mangelndes Verständnis dafür, was Ja-Sagen bedeutet

Wann immer du zu etwas Ja sagst, wirst du wahrscheinlich zu etwas anderem Nein sagen müssen. Wenn du zum Beispiel jemandem hilfst, etwas Unwichtiges zu tun, verlierst du die Möglichkeit, an etwas Wichtigem zu arbeiten. An etwas, das möglicherweise einen größeren Einfluss auf die Welt hat. Kurz gesagt, wenn du zu oft Ja sagst, kannst du dich der Möglichkeit berauben, etwas Sinnvolleres und Wirkungsvolleres mit deiner Zeit anzufangen. So betrachtet, ist es nachvollziehbar, warum es egoistisch ist, Ja zu sagen.

Entgegen der landläufigen Meinung ist ein Ja nicht die Standardantwort, sondern ein Nein. Denke daran: Niemand hat Anspruch auf deine Zeit. Wenn dich jemand bittet, ihm einen Teil deiner Zeit zu schenken, geht er davon aus, dass er weiß, was das Beste für dich ist und wie du deine Zeit nutzen solltest. Oder schlimmer noch, ihm ist deine Zeit egal und berücksichtigt nur seine eigenen Interessen. Ist das nicht egoistisch?

Der Punkt ist, wann immer du deine Zeit anbietest, verschenkst du einen Teil deines Lebens, und Zeit ist ein enorm wertvolles Gut. Ist es deine Zeit wert? Solltest du deine Zeit nicht mit etwas verbringen, das dir wichtiger erscheint?

Aber Achtung, versteh mich nicht falsch. Ich sage nicht, dass du ein Idiot sein sollst und niemals anderen Menschen helfen solltest. Die Wahrheit ist, dass wir es normalerweise lieben, anderen zu helfen. Der Helfer fühlt sich gut, sein Wissen weiterzugeben, während die Person, die um Hilfe bittet, dieses gerne annimmt. Ich möchte dich lediglich dazu ermutigen, bei der Verwendung deiner Zeit selektiver zu werden. Hilf den Menschen, wann immer du kannst, aber fühle dich nicht jedes Mal dazu verpflichtet.

Übung: Finde heraus, warum du nicht Nein sagen kannst

Fülle die entsprechende Tabelle in deinem Aktionshandbuch aus:

- Schreibe in der ersten Spalte all die Dinge auf, zu denen du in den letzten dreißig Tagen Ja gesagt hast. Mach dir keine Sorgen, wenn du dich nicht an jede einzelne Situation erinnern kannst.
- Schreibe in die zweite Spalte „J", wenn du Ja sagen wolltest, und „N", wenn du Nein sagen wolltest.
- Schreibe in der dritten Spalte für jede Anfrage, die du eigentlich ablehnen wolltest, auf, warum du das Gefühl hattest, nicht Nein sagen zu können. Dadurch erhältst du eine bessere Vorstellung von den Dingen, an denen du arbeiten solltest.

Schauen wir uns nun einige der Dinge an, die du tun kannst, um dich durchzusetzen und öfter Nein zu sagen.

Wie man Nein sagt

Viele Menschen haben Mühe, sich durchzusetzen oder einzufordern, was sie wollen. Folglich neigen diese Menschen dazu, auf das, was das Leben ihnen entgegenwirft, zu reagieren, anstatt aktiv zu werden und ihren Träumen nachzugehen. Wenn das nach dir klingt, ist es jetzt an der Zeit, dich zu behaupten und dem folgen, was *du* willst.

a) Fange klein an

Wenn du Schwierigkeiten hast, Nein zu sagen, ermutige ich dich, klein anzufangen. Sage Nein zu kleinen Bitten mit geringfügigen Konsequenzen. Du könntest zum Beispiel Nein zu einer Party sagen, zu der du eingeladen wurdest. Du könntest Nein zu jemandem sagen, der dich um einen kleinen Gefallen bittet. Am Anfang mag sich das vielleicht unangenehm anfühlen, aber es ist ein Zeichen dafür, dass du Fortschritte machst. Menschen werden nicht sterben, nur weil du Nein zu ihnen sagst.

b) Hör auf, dich zu rechtfertigen

Versuchst du, dich zu rechtfertigen, wann immer du Nein sagst? Mir begegnen ständig Leute, die das tun. Aber weißt du, du brauchst dich nicht zu rechtfertigen. Denke daran, was ich vorhin gesagt habe: Wenn dich deine Mitmenschen um etwas bitten, sollte deine Standardantwort Nein lauten. Deshalb brauchst du dir keine falschen Ausreden auszudenken, die dir sowieso niemand abnimmt. Versuche stattdessen, die Wahrheit zu sagen:

- Es tut mir leid, aber Partys sind nicht mein Ding, also werde ich dieses Mal nicht dabei sein.
- Es tut mir leid, aber im Moment bin ich voll und ganz auf ein sehr wichtiges Projekt konzentriert.
- Es tut mir leid, aber ich habe meinen Kindern ein Versprechen gegeben und ich werde sie nicht enttäuschen.

Du brauchst dich auch nicht zu sehr zu entschuldigen. Zeit ist eines deiner wertvollsten Güter, warum solltest du sie also verschwenden? Warum schätzt du deine Zeit nicht mehr und sagst Nein zu Anfragen, die nicht die beste Investition für deine Zeit sind? Am Anfang mag es unangenehm sein, Nein zu sagen, ohne lahme Ausreden vorzubringen, aber ich ermutige dich, es auszuprobieren. Wenn es dir schwer fällt, dich durchzusetzen, wird dir diese Übung immens helfen.

c) Übe, Nein zu sagen

Wenn du Schwierigkeiten hast, Nein zu sagen, kannst du mit einem Rollenspiel an deinem Durchsetzungsvermögen arbeiten. Rollenspiele haben sich in vielen verschiedenen Bereichen, insbesondere im Verkauf, als effektiv erwiesen. Je öfter du übst, etwas zu dir selbst zu sagen, oder besser noch zu deinem Rollenspielpartner, umso leichter wird es dir fallen, im wirklichen Leben Nein zu sagen.

Um dies zu üben, stell dir eine bestimmte Situation vor, in der du Nein sagen willst. Es kann eine Situation sein, in der dich einer deiner Kollegen um einen Gefallen bittet oder ein Freund möchte, dass du an einer Party teilnimmst. Nun stell dir vor, was du in dieser speziellen Situation sagen würdest. Sieh dich selbst, wie du die Worte tatsächlich aussprichst. Übe, sie laut auszusprechen. Die einfache Tatsache, dass du deine Antwort im Rollenspiel geprobt hast, wird dir bei der tatsächlich auftretenden Situation helfen.

d) Übe, Alternativen anzubieten

Anstatt Nein zu sagen, kannst du bei Bedarf auch Alternativen anbieten. Ich finde diese Methode wirksam, wenn ich nicht Nein sagen will, nicht Nein sagen kann oder einfach die Anfrage so ändern möchte, dass sie für mich besser funktioniert.

Nehmen wir zum Beispiel an, jemand bittet dich, zu einer Party zu kommen und du willst nicht hingehen. Du könntest zum Beispiel Folgendes sagen: „Ich habe keine Lust, heute Abend hinzugehen, aber wir können morgen zusammen zu Mittag essen, wenn du Zeit hast." Das setzt natürlich voraus, dass du diese Person *tatsächlich* treffen willst. Diese Alternative könnte sich als nützlich erweisen, besonders wenn du introvertiert bist.

Entferne Aufgaben, die du nur widerwillig erledigst

Um deinen Zeitplan aufzuräumen und Stress abzubauen, ist es auch wichtig, dass du Aufgaben, die du tagsüber ungern erledigst, entfernst. Dies sind oft die Aufgaben, die den meisten Stress verursachen. Wenn sie Teil deiner Arbeit sind, kannst du zwar nicht alle entfernen, aber wahrscheinlich kannst du einige davon streichen. Wenn du das tust, erleichterst du dir den Tag und hast mehr Zeit und Energie, um dich den Dingen zu widmen, die dir wirklich wichtig sind.

Übung: Unangenehme Aufgaben beseitigen

Erstelle die folgende Tabelle in deinem Aktionshandbuch:

- Schreibe in der ersten Spalte alle unangenehmen Aufgaben auf, die du regelmäßig erledigen musst. Lasse deinen Tag geistig Revue passieren. Das wird dir dabei helfen, nichts zu vergessen. Du kannst dich z.B. fragen: „Wenn ich einige Aufgaben weglassen könnte, welche würden meinen

Seelenfrieden erhöhen und meine Stimmung am stärksten verbessern?"

- Schreibe in der zweiten Spalte auf, was du dagegen tun kannst. Zum Beispiel könntest du die Aufgabe in irgendeiner Weise delegieren, weniger Zeit damit verbringen oder sie komplett streichen. Du könntest dich aber auch dafür entscheiden, der Aufgabe eine größere Bedeutung zu geben. Vielleicht kannst du dies als eine Möglichkeit sehen, deine Selbstdisziplin zu stärken.

E. Räume deinen Schreibtisch auf

Ein unordentlicher Schreibtisch kann oft das Ergebnis eines unordentlichen Geistes sein. Wenn du dich festgefahren fühlst oder dazu neigst, deine Aufgaben zu verschieben, dann beginne, deine Arbeitsumgebung sauber zu machen und aufzuräumen. Ich persönlich tue das sehr gerne und es funktioniert.

Wenn du mit der Arbeit beginnst, nimm alles von deinem Schreibtisch weg, was du nicht brauchst. Stelle alles weg, was dich ablenken könnte. Schalte die Benachrichtigungen auf deinem Telefon aus, schließe alle Dateien, die du im Moment nicht brauchst und bewahre nur das auf, was du tatsächlich benötigst. Für mich würde das in den meisten Fällen bedeuten, dass ich nur meinen Computer auf meinem Schreibtisch hätte und sonst nichts.

Außerdem, wenn du dir angewöhnst, deinen Schreibtisch vor Arbeitsbeginn aufzuräumen, schärfst du deinen Geist und lässt ihn wissen: „Jetzt ist es Zeit für Action".

Übung: Räume deinen Schreibtisch auf

Entferne alles Unnötige auf deinem Schreibtisch, z.B. Papiere, die du gerade nicht brauchst, dein Smartphone usw.

F. Räume deine physische Umgebung auf

Eine unaufgeräumte Umgebung kann das Ergebnis eines unaufgeräumten Geistes sein. Bei Unordnung geht es nicht nur darum, ein unordentliches Zimmer zu haben, sondern auch darum, zu viele unnötige Dinge zu besitzen, die einem weder dienen noch Freude bereiten. Diese Dinge bringen deinen Geist durcheinander und wirken sich auf subtile Weise auf deine Motivation aus. Sie können zu Ablenkungen werden, die dich daran hindern, klar zu denken und dich deinen wirklichen Problemen zu stellen.

In ihrem Buch *Magic Cleaning: Wie richtiges Aufräumen Ihr Leben verändert* erklärt Marie Kondo, wie ihre Kunden ihr Leben oft drastisch verändern, nachdem sie ihr Haus aufgeräumt haben.

Hier sind zwei Rezensionen:

Nach Ihrem Kurs habe ich meinen Job gekündigt und mein eigenes Unternehmen gegründet und damit etwas getan, wovon ich seit meiner Kindheit geträumt habe.

In Ihrem Kurs habe ich erkannt, was ich wirklich brauche und was nicht. Also habe ich mich scheiden lassen. Jetzt fühle ich mich viel glücklicher.

Es gibt einen Zusammenhang zwischen physischer und geistiger Unordnung. Physische Unordnung könnte ein Zeichen dafür sein, dass du deine Gefühle verbirgst und bestimmte Dinge in deinem Leben vermeidest. Während du das loswirst, was du nicht brauchst, gewinnst du oft Klarheit darüber, was du wirklich willst und brauchst. Auch das Gegenteil kann der Fall sein: Geistige Unordnung kann tatsächlich auch physische Unordnung produzieren.

Deine Umgebung zu entrümpeln bedeutet, *alles*, was du nicht brauchst, loszuwerden und nur die Dinge zu behalten, die dir Freude bereiten. Dazu musst du unnötige Dinge aus deinem Leben beseitigen, und zwar nicht nur, indem du sie in eine Schublade oder in einen Lagerraum legst. Dieser Akt des Entrümpelns ist eine einmalige Handlung – eine Verpflichtung, alles zu entfernen, was dir in deinem Leben nicht dienlich ist.

So kannst du deine Umgebung entrümpeln.

Sortiere deine Besitztümer nach Kategorien

Marie Kondo empfiehlt dir, deinen Besitz in der folgenden Reihenfolge zu sortieren:

- Kleidung
- Bücher
- Papiere
- Verschiedenes
- Gegenstände mit sentimentalem Wert

Sammle alle Artikel in jeder Kategorie

Beginne mit deiner Kleidung. Sammle alles auf dem Boden eines deiner Zimmer. Dann halte jedes Kleidungsstück in der Hand und frage dich, ob du es wirklich behalten willst. Stell dir vor, du würdest diesen Artikel heute in einem Geschäft sehen: Würdest du ihn noch einmal kaufen?

Bücher

Nimm sie nacheinander in die Hand und achte darauf, wie du dich bei jedem einzelnen Buch fühlst. Würdest du dieses Buch, das du gerade in der Hand hältst, gerne in deinem Bücherregal sehen? Wenn nicht, dann solltest du dich davon trennen. Wenn du ungelesene Bücher besitzt, dann verkaufe oder spende sie, es sei denn, du bist von der Aussicht, sie zu lesen, begeistert. Aber denke daran, wenn du sie wirklich lesen wollen würdest, hättest du das bestimmt schon getan, oder? Du kannst auch später jederzeit ein neues Exemplar kaufen, wenn du dann den Drang verspürst, das Buch wirklich zu lesen.

Papiere

Die Faustregel lautet: Alles wegwerfen. Schließlich werden dir Papiere selten, wenn überhaupt, Freude bereiten, nicht wahr?

Marie Kondo empfiehlt dir, nur Papiere aufzubewahren, die in eine der folgenden drei Kategorien fallen:

- Derzeit verwendete Papiere
- Papiere, die für einen begrenzten Zeitraum benötigt werden
- Papiere, die auf unbestimmte Zeit aufbewahrt werden
  müssen

Beachte, dass diese Kategorie keine Papiere mit sentimentalem Wert, wie z.B. Briefe, enthält.

Verschiedenes

Zu dieser Kategorie gehört alles, was sich in deinem Haus befindet, mit Ausnahme von Gegenständen mit sentimentalem Wert. Dazu gehören CDs, elektrische Geräte, Zubehör usw. Teile die Gegenstände dieser Kategorie in Unterkategorien ein, die für dich sinnvoll sind. Nimm dann jeden Gegenstand in die Hand und entscheide, ob du ihn wegwerfen oder behalten willst. Achte auch hier darauf, dass du alles loswirst, was dir nicht aktiv Freude bereitet.

Gegenstände mit sentimentalem Wert

Gegenstände mit sentimentalem Wert wegzuwerfen, mag eine Herausforderung sein, aber es ist eine wunderbare Gelegenheit, über deine Vergangenheit nachzudenken und sie loszulassen, sodass du dich für neue Möglichkeiten öffnen kannst. Wie Marie Kondo es so schön formuliert: *„Es sind nicht unsere Erinnerungen, sondern die Person, zu der wir aufgrund dieser vergangenen Erfahrungen geworden sind, die wir in Ehren halten sollten."*

Scheue dich also nicht, dich von allem zu trennen, was dich in der Vergangenheit festhält. Viele dieser Gegenstände haben ihre Rolle bereits gespielt. Wenn du sie nicht unbedingt brauchst, um im Leben weiterzukommen, lass sie los.

Wirf Gegenstände, die du nicht mehr benötigst, weg oder spende sie

Packe alle Gegenstände, die du nicht behalten willst, in Tüten und wirf sie weg. Du kannst sie auch verkaufen oder spenden. Wenn du Schwierigkeiten hast, bestimmte Gegenstände, vor allem solche mit sentimentalem Wert, wegzuwerfen, frage dich: „Habe ich Schwierigkeiten, sie loszulassen, weil ich mich an die Vergangenheit klammere oder weil ich Angst vor der Zukunft habe?" Indem du Dinge, die du nicht mehr brauchst, beseitigst und Gegenstände aus der Vergangenheit loslässt, kannst du die Gegenwart genießen und dich auf den Aufbau deiner Zukunft konzentrieren. Und auch wenn du vielleicht Angst davor hast, dass dein Haus danach leer sein könnte, wird es sicher nicht so sein.

Stell dir diese Fragen:

- „Werde ich dieses Buch jemals benutzen, um Spanisch zu lernen?"
- „Werde ich mir diese alten CDs noch einmal anhören?"
- „Werde ich diese Gitarre benutzen?"

Jedes Mal, wenn du einen Gegenstand anschaust und dich entscheidest, ihn zu behalten oder wegzuwerfen, bist du gezwungen, darüber nachzudenken, was dir wirklich wichtig ist. Indem du wählst, was du besitzen möchtest, entscheidest du, wie du dein Leben leben möchtest, nach welchen Werten du leben möchtest und welche Gegenstände dir wirklich wichtig sind.

Kurz gesagt, die Entrümpelung deines Hauses ermöglicht es dir, all die Dinge zu entfernen, die dich zu viele Jahre lang belastet haben. Und wenn du die Unordnung aus deinem Leben entfernst, kannst du Klarheit darüber gewinnen, was du wirklich tun willst. Du kannst dadurch auch „präsenter" werden und dich motivierter fühlen, dich weiter auf deine Ziele zuzubewegen.

Wie das Sprichwort sagt: „Alles was du besitzt, besitzt irgendwann dich." Wenn das wahr ist, von welchen Gegenständen möchtest du dann besessen werden? Die Gegenstände, die du liebst und die deine Interessen, Werte und Persönlichkeit widerspiegeln oder die langweiligen Gegenstände, für die du keine Verwendung mehr hast?

Zusätzlicher Tipp: Um dir die Entscheidung zu erleichtern, ob du etwas behalten oder wegwerfen willst, frage dich, warum du diesen bestimmten Gegenstand überhaupt hast. Wann hast du ihn gekauft und welchen Zweck hat er bisher in deinem Leben erfüllt? Überdenke jetzt seinen Zweck. Wenn er bereits seinen Zweck erfüllt hat, ist es vielleicht an der Zeit, ihn aus deinem Leben zu entfernen.

Um mehr darüber zu erfahren, wie du deine Umgebung aufräumen kannst, möchte ich dich ermutigen, *Magic Cleaning: Wie richtiges Aufräumen Ihr Leben verändert* zu lesen.

Übung: Räume deine physische Umgebung auf

Fülle die Übungen im entsprechenden Abschnitt deines Aktionshandbuches aus.

G. Überprüfe deine Erwartungshaltung

Bist du überfordert und hast das Gefühl, dass du nicht genug tust?

Hast du dir schon einmal überlegt, dass du den Zeitraum, den du für die Erledigung deiner Aufgaben benötigst, vielleicht einfach falsch einschätzt? Im Allgemeinen können Menschen nicht besonders gut Zeit einschätzen. Wir überschätzen, was wir in einem Jahr schaffen können und unterschätzen weitgehend, was wir in einem Jahrzehnt erreichen können. Wenn wir uns Ziele setzen, neigen wir dazu, unrealistische Erwartungen zu hegen und berücksichtigen keine „Worst-Case"-Szenarien oder unerwartete Ereignisse. Es ist zwar wichtig, optimistisch zu sein, aber wenn es um die Planung geht, ist oft eine gesunde Dosis Realismus erforderlich.

Eine Faustregel, die ich gerne verwende, ist, einfach die Zeit zu verdoppeln, von der ich denke, dass ich sie für die Erledigung einer Aufgabe benötige. Infolgedessen dauert die Erledigung einer Aufgabe selten länger als ich erwarte, wodurch ich mich produktiver fühle und meinen Tag besser kontrollieren kann. Wenn du also dazu neigst, dich überfordert zu fühlen oder nie genug Zeit hast, deine Arbeit zu beenden, ermutige ich dich dazu, die Zeit zu verdoppeln, die du dir selbst gibst, um deine Aufgaben zu erledigen. Probiere diese Methode aus und beobachte, was im Laufe des Tages geschieht und wie du dich am Ende des Tages fühlst. Du wirst erkennen, dass eine strenge Erwartungshaltung unnötigen Stress erzeugt und sich negativ auf dein Selbstwertgefühl auswirkt. Du wirst wahrscheinlich feststellen, dass du allein dadurch, dass du dir mehr Zeit gibst, die gleiche Menge an Arbeit, wenn nicht sogar mehr, erledigen kannst und dich somit viel besser fühlen wirst.

H. Lege genügend Pausen ein

Arbeitest du ununterbrochen von morgens bis abends, ohne genügend Pausen zu machen? Du musst dich beeilen, stimmt's?

Auch wenn du vielleicht glaubst, dass jede Minute zählt und dass du produktiver sein wirst, je weniger Pausen du einlegst, so zeigen Studien auf, dass dies nicht der Fall ist. Tatsächlich sind regelmäßige Pausen für Erfolgsleute ein Teil ihrer Strategie, um Leistungen auf höchstem Niveau zu erzielen. Brendon Burchard, der Bestsellerautor von *High-Performance Habits*, nimmt Pausen sehr ernst und empfiehlt seinen Kunden, alle 45-60 Minuten eine Pause von der Arbeit einzulegen.

„Wenn Ihr Hintern auf einem Stuhl landet, dann stellen Sie einen 50-Minuten-Timer auf Ihrem Telefon oder Computer ein. Nach fünfzig Minuten, egal, woran Sie gerade arbeiten, stehen Sie auf, bewegen Sie sich, atmen Sie, formulieren Sie eine Absicht und kehren Sie dann zur Arbeit zurück."

Was ist mit dir? Wie oft solltest du eine Pause einlegen? Im Folgenden findest du einige Techniken, die als effektiv angesehen werden:

Alle 75-90 Minuten:

Robert Pozen, Autor von *Extreme Productivity: Boost Your Results, Reduce Your Hours*, ermutigt seine Leser, alle 75-90 Minuten eine Pause einzulegen. Das liegt daran, weil es schwierig ist, sich mehr als 90 Minuten am Stück auf eine Sache zu konzentrieren.

Alle 52 Minuten:

Das Start-up, Draugiem Group, führte ein Experiment durch und stellte fest, dass die produktivsten Personen 52 Minuten arbeiteten und 17 Minuten Pause machten. Die Pause mag lang erscheinen, aber in Wirklichkeit ist es so: Wenn du dich 52 Minuten lang konzentrieren kannst, bist du bei der Arbeit effektiver und deine Pausen sind somit wohlverdient.

Alle 25 Minuten:

Dies wird auch als Pomodoro-Technik bezeichnet. Die Idee besteht darin, 25 Minuten zu arbeiten und eine 5-minütige Pause einzulegen.

Welche Methode solltest du anwenden? Das kommt ganz darauf an. Die einzige Möglichkeit, herauszufinden, welche Methode für dich am besten funktioniert, ist, alle Methoden auszuprobieren. Ich empfehle dir, jede Methode eine Woche lang zu testen, damit du sehen kannst, welche für dich am besten funktioniert. Beachte, dass dies auch von deinen Aufgaben abhängt. Für eine Aufgabe, die viel Kreativität erfordert, könnte es zum Beispiel am besten sein, in Blöcken von 75-90 Minuten zu arbeiten, da du dann mehr Zeit hast, in einen „Flow" zu kommen. Bei Aufgaben, die weniger oder minimale Konzentration erfordern, ist es vielleicht effektiver, in Blöcken von 25 Minuten zu arbeiten.

2. FOKUS

Fühlst du dich wie ein Hamster in seinem Rad, der ständig läuft, aber nie am Ziel ankommt? Hast du das Gefühl, dass du deinen Tag nicht unter Kontrolle hast?

Im vorigen Abschnitt hast du gelernt, wie du deinen Geist und deine Umgebung aufräumen kannst, damit du mehr Ruhe empfindest und dich weniger überfordert fühlst. In diesem Abschnitt erfährst du, wie du deinen Fokus schärfen kannst, um deine Produktivität zu steigern.

Lass uns anfangen.

A. Beurteile deine Produktivität

Bist du produktiv oder beschäftigst du dich einfach nur?

Wenn du dich überfordert fühlst, kann ein Grund dafür sein, dass du zu viel Zeit mit unproduktiven Aufgaben verbringst. Es kann sein, dass du deinen Geist mit unnötigen Aufgaben überfüllst oder dich zu leicht ablenken lässt. Dieser Mangel an Konzentration oder Klarheit führt oft zu Verwirrung und Unentschlossenheit.

Erstelle ein Zeitprotokoll

Damit du besser verstehst, wofür du deine Zeit nutzt, ermutige ich dich, ein Zeitprotokoll zu erstellen und alles aufzuschreiben, was du während einer typischen Arbeitswoche und auch außerhalb der Arbeit tust. Das mag vielleicht langweilig klingen, aber ich verspreche dir, dass es deine Zeit und Mühe wert sein wird.

Um ein Zeitprotokoll zu erstellen, schreibe alles auf, was du während einer ganzen Woche tust, vom Aufstehen bis zum Schlafengehen. Jedes Mal, wenn du von einer Aktivität zu einer anderen übergehst, schreibe es auf. Vergewissere dich, dass du auch aufschreibst, wie viel Zeit du mit jeder Aktivität verbringst. Notiere auch die Zeit im Badezimmer und die Momente, in denen du deine privaten E-Mails checkst oder auf Facebook surfst. Allein dadurch wird dir viel stärker bewusst, wie sehr du dich ablenkst. Du wirst sogar feststellen, wie wenig Zeit du tatsächlich mit produktiver Arbeit verbringst. Dir wird zum Beispiel bewusst, dass du viel zu oft mit deinen privaten E-Mails oder deinem Telefon beschäftigt bist.

Überprüfe am Ende deiner Woche alle deine Aktivitäten. Konzentriere dich nur auf die Aufgaben, die du für produktiv hältst und zähle, wie viele Stunden du an ihnen gearbeitet hast. Achte hier wirklich darauf, dass du nur die produktiven Aktivitäten zählst, die dich vorwärts bringen. Dazu kann z.B. die Arbeit an einem wichtigen Projekt oder die Vorbereitung einer Präsentation gehören, die es dir ermöglichen könnte, einen großen Auftrag an Land zu ziehen. Die folgenden Fragen werden dir helfen, zu erkennen, was du hättest anders machen können:

- **Wenn ich eine bestimmte Aufgabe in dieser Woche nicht erledigt hätte, was wäre dann passiert?** Wenn die Antwort „Nichts" lautet, ist es sehr gut möglich, dass du dich auf wichtigere Aufgaben hättest konzentrieren können.
- **An welchen wichtigen Aufgaben hätte ich arbeiten können, habe es aber nicht getan? Und warum nicht?** Diese Fragen werden dir dabei helfen, die Aufgaben aufzudecken, bei denen du prokrastinierst. Es mag verschiedene Gründe dafür geben, dass du bestimmte Aufgaben aufschiebst, aber oft hat es mit Angst zu tun. Vielleicht ist es die Angst, nicht gut genug zu arbeiten. Ein

weiterer Grund könnte ein Mangel an Klarheit darüber sein, was getan werden muss. Wenn ja, was könntest du tun, um mehr Transparenz zu erreichen? Vielleicht könntest du mit deinem Chef sprechen und ihn um Klärung bitten. Oder vielleicht kannst du einen Kollegen fragen, der sich mit dem Thema besser auskennt als du. Ein weiterer Grund könnte ein Mangel an Motivation sein. Vielleicht bist du von der Aufgabe nicht besonders begeistert. Oder etwas anderes hält dich zurück, aber du bist dir nicht sicher, was genau. Wenn dem so ist, was kannst du dagegen tun?

- **Was hätte ich tun können, um produktiver zu sein?** Versuche, ein paar Dinge aufzulisten, die deine Produktivität erheblich gesteigert hätten. Zum Beispiel könnte es sein, dass du gleich morgens an deiner wichtigsten Aufgabe arbeitest oder deine E-Mails nur ein paar Mal am Tag abrufst.

Übung: Erstelle dein Zeitprotokoll

Verwende das Zeitprotokoll in deinem Aktionshandbuch und schreibe alles auf, was du innerhalb einer Woche tust. Du kannst diese Übung gemeinsam mit einem Freund machen, um ihm gegenüber Rechenschaft schuldig zu sein.

B. Nutzung des 80/20-Prinzips

Das Letzte, was du willst, ist, einfach nur um deiner Selbst willen beschäftigt zu sein. Die meisten Menschen verbringen viel zu viel Zeit damit, an unwichtigen Dingen zu arbeiten und während einige Menschen stolz darauf sind, wie beschäftigt sie sind, sollte zu viel Beschäftigung nicht als Ehrenabzeichen getragen werden. Es ist ein Geisteszustand, der aus einem Mangel an Priorisierung und Faulheit in deinem Denken resultiert.

Wenn du in der Lage bist, dich auf das zu konzentrieren, was wichtig ist, wirst du dich viel weniger überfordert fühlen. So wirst du sicherstellen, dass du an der richtigen Sache arbeitest und ein hohes Maß an Motivation aufrechterhältst.

Anwendung des 80/20-Prinzips

Nach dem 80/20-Prinzip bringen dir zwanzig Prozent der Dinge, die du tust, achtzig Prozent deiner Ergebnisse.

Diese Regel gilt in unzähligen Situationen. So trifft es beispielsweise auch zu, dass zwanzig Prozent der Kunden eines Unternehmens in der Regel achtzig Prozent der Gewinne erwirtschaften, und zwanzig Prozent der reichsten Menschen der Welt besitzen rund achtzig Prozent des Weltvermögens.

Es ist ein faszinierendes Prinzip. Wenn du es regelmäßig anwendest, kann es dein Leben drastisch verbessern.

80/20 für dein Leben

Welche zwanzig Prozent deiner Aufgaben führen zu achtzig Prozent deiner Ergebnisse? Auf welche wenigen Dinge kannst du dich konzentrieren, um mit weniger Zeit und Aufwand bessere Ergebnisse zu erzielen?

Um dir einige Beispiele zu nennen: Für mich ist es das Schreiben weiterer Bücher, Werbung über Amazon Marketing Services und die Erweiterung meiner E-Mail-Liste. Es gab eine Zeit, in der ich viele verschiedene Dinge versucht habe. Ich habe jeden Tag Facebook-Live-Veranstaltungen durchgeführt, YouTube-Videos erstellt und auf Facebook und anderen Social-Media-Webseiten gepostet. Obwohl an diesen Aktivitäten nichts auszusetzen ist, hat es bei mir nicht funktioniert. Deshalb habe ich damit aufgehört, was mir eine Menge Zeit zurückgab und mir ermöglichte, mich auf das Schreiben von Büchern zu konzentrieren.

Wie sieht also eine produktive Aufgabe aus?

Eine produktive Aufgabe ist eine Aufgabe, die dir so schnell wie möglich die gewünschten Ergebnisse bringt. Sie bringt etwas Greifbares hervor, das dich deinem Ziel näher bringt, was auch immer dein Ziel sein mag. Gute Beispiele dafür sind:

- Neugewinnung von Kunden
- Erstellung neuer Produkte oder Dienstleistungen

- Marketingaktivitäten und Umsatzsteigerung
- Jegliche Optimierungen, die dein Unternehmen effektiver und profitabler machen, wie Rationalisierung, Automatisierung, Erstellung von Checklisten und so weiter
- Strategisches Lernen mit konkreter Umsetzung in naher Zukunft

Beachte, dass produktive Aufgaben oft herausfordernd oder beängstigend sein können. Das ist der Grund, warum die meisten Menschen prokrastinieren und den größten Teil ihres Tages damit verbringen, an Aufgaben zu arbeiten, die für ihr Geschäft keinen großen Unterschied machen. Es ist auch der Grund, warum Menschen ständig nach dem perfekten Produktivitätssystem suchen. Dies ist jedoch oft nichts anderes als eine Ablenkung.

Wenn du in der Lage bist, die wenigen Aufgaben mit der höchsten, positiven Wirkung zu identifizieren und jeden Tag an ihnen zu arbeiten, bevor du an etwas anderem arbeitest, wirst du weitaus produktiver sein als die meisten Menschen. Das ist es, was du priorisieren musst, bevor du nach einem anderen Produktivitätssystem suchst.

Konzentriere dich auf das, was dir Spaß macht

Wenn du die Schlüsselaufgaben auswählst, auf die du dich konzentrieren willst, musst du auch dein Interesse an diesen Aktivitäten berücksichtigen. Idealerweise möchtest du effektive Aufgaben finden, die du gut beherrschst und an denen du Freude hast. So kannst du deine Motivation langfristig aufrechterhalten. Mehr dazu findest du in den folgenden Abschnitten: *Tu mehr von dem, was dir Spaß macht* und *Setze dir spannende Ziele*.

Also, was sind deine obersten zwanzig Prozent? Welche „Top 20%" erzeugen die Mehrheit deiner Ergebnisse?

Beachte, dass du diese Regeln in jedem Bereich deines Lebens anwenden kannst, nicht nur für deine Arbeit. Im Folgenden findest du einige Fragen, die du dir stellen kannst:

Soziales Leben

- Wer sind die 20% der Menschen, die mir am meisten Freude bereiten und wie kann ich mehr Zeit mit ihnen verbringen?
- Was sind die 20% der Freizeitaktivitäten, die mir am meisten Spaß machen und wie kann ich mehr Zeit mit ihnen verbringen?

Finanzen

Auf welche Top 20% finanziellen Aktivitäten sollte ich mich konzentrieren, um meine Finanzen am stärksten zu verbessern?

Gesundheit

Auf welche Top 20% täglichen Gewohnheiten sollte ich mich konzentrieren, um meine Gesundheit am meisten zu verbessern?

Wohlbefinden

Auf welche Top 20% Bestrebungen sollte ich mich konzentrieren, um meine Stimmung am meisten zu verbessern?

Übung: 80/20 für dein Leben

Nutze das 80/20-Modell für dein Leben mithilfe des entsprechenden Abschnitts in deinem Aktionshandbuch.

C. Beseitige Ablenkungen

Wisse, warum du dich ablenkst

Wir versuchen immer, nach Vergnügen zu suchen und dabei Schmerzen oder Unbehagen zu vermeiden. Wann immer wir eine Aufgabe als schwierig, langweilig oder beängstigend empfinden, suchen wir nach Möglichkeiten, uns mit einer angenehmen Aktivität abzulenken, sodass wir mit einem schnellen Schuss Dopamin belohnt werden – dem Neurotransmitter des Gehirns, der für das Vergnügen verantwortlich ist.

Interessanterweise bringt uns die Konzentration auf die scheinbar unterhaltsamste Aktivität selten das Gefühl von Erfüllung, nach dem wir suchen. Wenn überhaupt, dann fühlen wir uns dadurch auf längere Sicht unglücklich und unerfüllt. Wenn wir die Aufgaben, an denen wir arbeiten sollten, immer wieder verschieben, fühlen wir uns am Ende oft schlecht, was sich negativ auf unser Selbstwertgefühl auswirkt.

Egal, wie du dich ablenkst, ob du spazieren gehst, alle zwanzig Minuten Wasser trinkst oder deine E-Mails abrufst, die Notwendigkeit dazu entsteht in der Regel durch den Versuch deines Gehirns, Angst, Unbehagen, Langeweile oder einen Mangel an Klarheit zu vermeiden. Um Ablenkungen zu verringern, musst du nach der eigentlichen Ursache der Ablenkungen suchen. Ich glaube, die Hauptgründe für Ablenkungen sind:

1. Die Angst, nicht gut genug zu arbeiten
2. Ein Mangel an Klarheit darüber, was du tun musst oder wie du es tun sollst
3. Mangelndes Interesse
4. Ein Mangel an Energie

a) Angst davor, nicht gut genug zu arbeiten

Es kann sein, dass du dich mit einer bestimmten Aufgabe oder einem bestimmten Projekt schwertust und dich fragst, ob du in der Lage bist, es richtig abzuschließen. Der Widerstand, den du in diesem Fall erfährst, lässt dich das Projekt hinauszuzögern. Infolgedessen findest du dich vielleicht darin wieder, dass du durch deinen Facebook-Newsfeed scrollst oder lustige Katzenvideos auf YouTube ansiehst. Wenn dies der Fall ist, fange an, dir dies bewusst zu machen und, noch besser, die Situation zu verbessern.

Hier ein persönliches Beispiel: Ich erlebe oft Widerstand, wenn ich schreibe. Am Anfang bin ich motiviert und bereit, ein Buch zu schreiben, das vielen Menschen helfen kann. Aber sobald ich mit dem Schreiben beginne, schleichen sich Zweifel ein und ich beginne zu prokrastinieren. In diesem konkreten Beispiel muss ich mich weiter durchsetzen und mich gleichzeitig daran erinnern, dass ich für den ersten Entwurf lediglich Worte zu Papier bringen muss. Aus Erfahrung weiß ich, dass ich in der Lage sein werde, jeden nachfolgenden Entwurf zu überarbeiten und zu verbessern, bis ich mit dem Ergebnis zufrieden bin. Dann schicke ich das Manuskript an den „rachsüchtigsten" Lektor der Welt (so sagt er jedenfalls).

Was ist mit dir? Was zögerst du aus Angst hinaus, und was kannst du dagegen tun?

b) Mangelnde Klarheit darüber, was du tun musst oder wie du es tun sollst

Weißt du, was du tun musst und wie du es erreichen kannst? Wenn du dir nicht sicher bist, was du tun musst, ist es leicht, dich abzulenken. Folgende Fragen helfen dir Klarheit in deine Handlungen zu bringen:

- Was genau muss ich hier tun?
- Was versuche ich zu erreichen?
- Wie genau sieht das Endergebnis aus?

Gewinne Klarheit darüber, was du tun musst und die Wahrscheinlichkeit zu prokrastinieren, fällt geringer aus.

c) Mangelndes Interesse

Findest du die Aufgabe langweilig? Manchmal mag die Aufgabe aus rationaler Sicht sinnvoll sein, aber sie erscheint dir vielleicht nicht ganz richtig. Zum Beispiel kann dir ein bestimmtes Projekt viel Geld einbringen oder eine neue Strategie könnte deinem Unternehmen ein erhebliches Wachstum ermöglichen, aber du fühlst dich nicht motiviert dafür. Das liegt in der Regel daran, dass irgendwo eine Fehlausrichtung vorliegt. Vielleicht widerspricht die Aufgabe deinen Werten und dem, woran du glaubst. Vielleicht erfordert sie, dass du viel Zeit mit Aufgaben verbringst, vor denen du dich fürchtest oder in denen du nicht gut bist. Vielleicht entfernt dich die Aufgabe von deiner Vision. Was auch immer der Grund dafür sein mag, er führt dazu, dass du die Aufgabe hinauszögerst – und du weißt vielleicht nicht einmal, warum.

Achte daher, wann immer möglich, darauf, dass du deine Ziele mit deiner Vision, deinen Stärken und Werten in Einklang bringst.

Weitere Informationen hierzu findest du im Abschnitt *Wieder entzünden.*

d) Mangel an Energie

Manchmal muss man einfach nur seine Batterien aufladen. Wenn du beispielsweise am späten Nachmittag eine anspruchsvolle Aufgabe planst, fehlt dir möglicherweise die Energie, diese korrekt oder effizient auszuführen. Wenn ich persönlich morgens nicht gleich schreibe, während ich noch die nötige Energie habe, würde ich tagsüber wahrscheinlich nicht mehr viel zustande bekommen. Auch andere Aktivitäten wie das Aufnehmen von Videos oder das Versenden von E-Mails, insbesondere Verkaufs-E-Mails, erfordern viel Energie von mir. Wenn ich diese Dinge morgens oder am frühen Nachmittag nicht in Angriff nehme, werde ich sie wahrscheinlich aufschieben oder schlecht an ihnen arbeiten, was ebenso ineffizient ist.

Daher ist es extrem wichtig, dass du dich auf deine wichtigsten Aufgaben konzentrierst, wenn du die meiste Energie hast. Wenn du einen chronischen Energiemangel verspürst, solltest du überprüfen, ob du gut isst, gut schläfst und regelmäßig Sport treibst. Ich ermutige dich, diese drei Dinge in Ordnung zu bringen, bevor du etwas anderes tust. Für die meisten Menschen gibt es in den allgemeinen Bereichen Schlaf, Ernährung und Gesundheit noch viel Raum für Verbesserungen.

Wenn du dich auf interessante Aufgaben konzentrierst, deine Ängste beseitigst und genau lernst, was du tun musst, um ein hohes Energieniveau aufrechtzuerhalten, wirst du dich weitaus motivierter fühlen. Infolgedessen wird die Wahrscheinlichkeit, dass du dich ablenken lässt, weitaus geringer sein. Wenn es dir also im Moment an Motivation fehlt, beurteile, wie es dir in jedem der folgenden Bereiche geht:

- Angst davor, nicht gut genug zu arbeiten
- Mangelnde Klarheit
- Mangelndes Interesse
- Mangel an Energie

Übung: Beseitige Ablenkungen

Beantworte die folgende Frage mithilfe deines Aktionshandbuches:

Was kann ich jetzt tun, um meine Motivation zu steigern?

Wenn du irgendeinen Widerstand spürst, versuche, die Ursache dieses Widerstands zu identifizieren.

D. Optimiere deine Umgebung

Manchmal kannst du eine Barriere am besten überwinden, indem du deine Umgebung veränderst. Das kann bedeuten, dass du einige Menschen aus deinem Leben entfernst, einer neuen Gemeinschaft beitrittst oder eine neue Person kennenlernst, die dich zu einer Veränderung motiviert.

So unabhängig du auch glaubst zu sein, du bist weitestgehend das Produkt deiner Umgebung. Dein Handeln basiert, zumindest bis zu einem gewissen Grad, auf den Erwartungen der Menschen um dich herum. Vielleicht hast du dich für einen bestimmten Beruf entschieden, weil deine Eltern dir ihn nahegelegt haben. Vielleicht rauchst oder trinkst du mehr, als du solltest, aufgrund deiner engsten Freunde oder deines Umfelds. Oder du hast vielleicht bestimmte religiöse oder politische Überzeugungen, weil die meisten Menschen in deiner Gemeinde diese auch haben.

Kurz gesagt, du existierst als Teil eines zusammenhängenden Ökosystems, das sich ständig weiterentwickelt. Du beeinflusst deine Freunde, Kollegen und Bekannten und sie beeinflussen dich. Wenn du in einer Umgebung lebst, die nicht mit deinen Überzeugungen, Grundwerten oder Zielen übereinstimmt, kann es dir unmöglich erscheinen, ein Leben zu erschaffen, wie du es dir wünschst. Infolgedessen fühlst du dich möglicherweise festgefahren und unfähig, dich auszudrücken. Du gibst dann vor, jemand zu sein, der du nicht bist und tust Dinge, die du nicht tun willst. Du arbeitest weiterhin in einem Job, den du nicht magst, nimmst an Partys teil, die dir nicht gefallen oder triffst dich mit Menschen, die du lieber meiden würdest.

Ich lade dich ein, dir dein Umfeld genau und ehrlich anzuschauen.

Bist du von Menschen umgeben, die dich dazu inspirieren, das Beste aus dir zu machen? Gibt es jemanden in deiner Umgebung, der dich aufbaut, wenn es schwierig wird? Oder bist du von Menschen umgeben, die dich runterziehen und dir sagen, dass deine Ziele unrealistisch sind?

Deine Umgebung ist mächtiger als deine Willenskraft

Du hast bestimmt schon einmal gehört, dass man einfach nur genug Willenskraft entwickeln muss. Doch die Wahrheit ist, dass deine Umwelt dein Leben viel stärker beeinflusst, als es deine Willenskraft jemals kann. Um dein Leben und deine Handlungen zu verändern, reicht Willenskraft allein oft nicht aus. Du musst auch deine Umgebung verändern. In den letzten Tagen hatte ich zum Beispiel mit dem Schreiben meines neuesten Buches zu kämpfen und war mit meinem Zeitplan in Verzug. Um diese Situation zu überwinden, habe ich die WLAN-Verbindung auf meinem Computer ausgeschalten. Ich habe alles so eingerichtet, dass ich in einen anderen Raum gehen, unter meinen WLAN-Router schauen und ein langes Passwort eingeben muss. Das klingt vielleicht albern, aber es hat funktioniert. Anstatt meiner Willenskraft zu vertrauen, veränderte ich etwas in meiner Umgebung, um mir zu helfen weiterzukommen, anstatt kontraproduktiv zu sein.

Jedes Mal, wenn du den Aufwand erhöhst, verringerst du die Wahrscheinlichkeit, dass ein bestimmtes negatives Verhalten auftritt. Ein anderes Beispiel wäre es, kein ungesundes Essen im Haus zu haben. Die einfache Tatsache, dass du hinausgehen musst, um mehr Junkfood zu kaufen, erhöht den Aufwand und macht es schwieriger, sodass die Wahrscheinlichkeit, dass du ungesundes Essen zu dir nimmst, sinkt.

Kurz gesagt, solltest du Folgendes anstreben:

- Unerwünschte Verhaltensweisen durch *zusätzlichen* Aufwand erschweren
- Gewünschte Verhaltensweisen erleichtern, indem du den Aufwand *minimierst*

Was ist mit dir? Welche kleinen Veränderungen kannst du in deiner Umgebung vornehmen, um Hürden zu beseitigen und die gewünschten Verhaltensweisen zu fördern?

Lass uns tiefer darauf eingehen und die verschiedenen Faktoren identifizieren, aus denen deine Umgebung besteht.

a) Physische Objekte

Deine physische Umgebung erleichtert die Verhaltensweisen, die du anstrebst oder macht sie unnötig kompliziert. Wenn du z.B. Junkfood aus deinem Haus entfernst, erleichtert dies das Verhalten „gesund zu essen". In meinem Fall erleichtert die Trennung meines Computers vom Internet das Verhalten „an meinem zu Buch arbeiten", während das unerwünschte Verhalten „Zeit beim Surfen im Internet zu verschwenden" weniger wahrscheinlich wird.

Wenn du unnötige Versuchungen beseitigst und Anreize schaffst, erwünschte Verhaltensweisen durchzuführen, fängst du an, deinen Geist von zwanghaften Gedanken und den damit verbundenen, unproduktiven Verhaltensweisen zu befreien.

Wie sieht es bei dir aus? Wie kannst du unerwünschte Verhaltensweisen so herausfordernd wie möglich machen und gleichzeitig erwünschte Verhaltensweisen so reibungslos wie möglich gestalten? Denke daran, dass allein das Hinzufügen zusätzlicher Hürden Wunder bewirken kann. Sicher, es mag am Anfang ein wenig herausfordernd sein, aber du wirst dich daran gewöhnen, das verspreche ich dir. Na los, versuch es.

b) Menschen

Jim Rohn, der Unternehmensphilosoph, sagte, dass du der Durchschnitt der fünf Personen bist, mit denen du die meiste Zeit verbringst. Es ist durchaus wahr, dass die Menschen in deinem Umfeld einen enormen Einfluss auf dein Leben haben. Wenn sie in der falschen Umgebung landen, können Menschen, die sich leicht beeinflussen lassen, in einer sehr schlechten Lebenslage enden.

Was ist mit dir? Bist du von positiven, glücklichen und erfolgreichen Menschen umgeben? Helfen dir die Menschen um dich herum, zu der Person zu werden, die du sein musst, um deine Träume zu verwirklichen, oder halten sie dich davon ab?

Die Menschen, mit denen du Zeit verbringst, beeinflussen:

- **Deine Gewohnheiten/Verhaltensweisen:** Wie früh du morgens aufwachst, welche Art von Nahrung du isst und ob du dich regelmäßig bewegst.
- **Deine Glaubenssätze:** Was du glaubst, was möglich ist und nicht möglich ist in Bezug auf deine Karriere, deine Beziehung, deine Finanzen und deine Träume.

Denke daran, dass die Menschen, mit denen du in Verbindung stehst, dein Leben in weit größerem Maße beeinflussen, als du dir vorstellen kannst. Deshalb liegt es in deiner Verantwortung, dich mit positiven, motivierenden Menschen zu umgeben. Je weniger klar deine Grundwerte und Visionen sind, umso leichter lässt du dich von deiner Umgebung und deinen Freunden und Bekannten beeinflussen.

c) Direkte Umgebung

Deine direkte Umgebung ist der Ort, an dem du dich am meisten aufhältst, d.h. dein Haus und dein Arbeitsplatz oder deine Schule.

Ist deine gegenwärtige Arbeitsumgebung inspirierend? Bringt sie das Beste in dir zum Vorschein? Was ist mit deinem Haus? Bietet es dir die Inspiration und Motivation, die du brauchst, um deine Ziele und Träume zu verfolgen oder saugt es deine Energie auf? Was kannst du tun, um dein direktes Umfeld zu verbessern?

Denke daran, dass deine Umgebung deine Ziele entweder unterstützt oder dich von ihnen wegtreibt.

Übung: Optimiere deine Umgebung

Fülle die Übung im entsprechenden Abschnitt deines Aktionshandbuches aus, um mit der Optimierung deiner Umgebung zu beginnen.

d) Digitale Umgebung

Wie sieht es mit deiner digitalen Umgebung aus? Ist dein Desktop so organisiert, dass er deine Produktivität maximiert? Wie sieht es mit deinem E-Mail-Postfach und deinen Social-Media-Konten aus? Arbeiten sie für oder gegen dich?

Heutzutage verbringen wir viele Stunden vor dem Computer und während wir dies tun, werden wir mit Tausenden von Anzeigen und unzähligen Artikeln und Videos konfrontiert. Soziale Medien können uns die Illusion vermitteln, dass alle anderen ein perfektes Leben führen, während uns Werbung das Gefühl vermittelt, dass uns etwas fehlt. Das ist jedoch im Allgemeinen nicht der Fall.

Lass uns sehen, wie du einen „Digital Detox" machen kannst.

Einen „Digital Detox" machen

Obwohl sie uns produktiver machen können, haben neue Technologien oft den gegenteiligen Effekt. Wir können Stunden damit verschwenden, durch den Newsfeed unserer bevorzugten Social-Media-App zu scrollen, zwanghaft unsere E-Mails zu checken oder die Nachrichten viele Male am Tag zu lesen.

Indem du lernst, die neuen Technologien effektiver zu nutzen, kannst du deine Produktivität drastisch steigern. Daher ermutige ich dich, die Zeit, die du im Internet und auf deinem Smartphone verbringst, zu reduzieren. Überlege dir gut, wie du deine Zeit verbringst, denn, wie wir bereits festgestellt haben, ist Zeit dein wahrscheinlich wertvollstes Gut.

Es gibt zwei verschiedene Möglichkeiten, einen „Digital Detox" zu starten. Du kannst dich entweder für einen vorbestimmten Zeitraum (z.B. 24 oder 48 Stunden) komplett aus der digitalen Welt zurückziehen oder du kannst dich dafür entscheiden, deine tägliche digitale Zeit für einen längeren Zeitraum zu reduzieren. Ich empfehle dir, beides auszuprobieren.

Kompletter Detox

Die beste Zeit für einen vollständigen „Digital Detox" könnte am Wochenende sein, wenn du nicht dazu verpflichtet bist, dein Telefon,

das Internet oder ein anderes digitales Gerät für die Arbeit zu
benutzen.

- Stelle sicher, dass du alles hast, was du brauchst. Drucke
  Karten aus, wenn du irgendwo hinfahren musst, beantworte
  dringende E-Mails im Voraus und lass die Leute wissen, dass
  du nicht verfügbar sein wirst.
- Plane im Voraus, wie du deine Zeit verbringen wirst. 24 oder
  48 Stunden ohne digitale Geräte können in der heutigen
  Welt wie eine Ewigkeit erscheinen. Plane daher unbedingt
  einige spannende Aktivitäten ein, um diese Lücke zu
  schließen. Das kann zum Beispiel Wandern, Lesen oder
  Kochen sein.

Teilweiser Detox

Ein teilweiser Detox ist eine gute Möglichkeit, die Nutzung von sozialen
Medien, Telefon, Fernsehen oder anderen digitalen Aktivitäten zu
reduzieren. Stelle dafür spezifische Regeln bezüglich deiner Nutzung
digitaler Geräte auf. Du kannst zum Beispiel festlegen, dass du deine E-
Mails nur ein- oder zweimal täglich zu einer bestimmten Zeit (z.B.
mittags und 16 Uhr) aufrufst. Oder du könntest beschließen, dass du
Facebook nur zweimal täglich für jeweils fünfzehn Minuten öffnest. Um
keine Zeit zu verschwenden, solltest du auch immer eine klare Aufgabe
haben. Wenn du z.B. auf Facebook gehst, dann vielleicht nur, um:

- Zu prüfen, ob du Nachrichten hast und diese ggf. zu
  beantworten
- Eine Nachricht an jemanden zu senden, von dem du Hilfe
  benötigst
- Facebook-Posts für deine Geschäftsseite einzuplanen

Genau zu wissen, was du zu tun hast und es dir vorher zu
vergegenwärtigen, wird dir helfen, Ablenkungen zu vermeiden. Ich
kann dir gar nicht sagen, wie oft ich mich schon bei Facebook
eingeloggt habe, um eine einfache Sache zu erledigen, nur um am

Ende eine halbe Stunde damit zu verbringen, gedankenlos durch meinen Newsfeed zu scrollen. Und das gilt nicht nur für soziale Medien. Je überlegter du bei jeder deiner Handlungen vorgehst, desto bessere Ergebnisse wirst du erzielen.

Übung: Einen „Digital Detox" durchführen

Führe die folgenden Übungen in deinem Aktionshandbuch durch:

Kompletter Detox: Verzichte für 24 Stunden, 48 Stunden oder länger auf die Verwendung eines digitalen Geräts.

Teilweiser Detox: Erstelle deine eigenen Regeln bezüglich deiner digitalen Umgebung. Gib in den nächsten sieben Tagen dein Bestes, um diese Regeln zu befolgen und schau, wie du dich dabei fühlst.

3. WIEDER ENTZÜNDEN

Manchmal muss man sich einen Moment Zeit nehmen, um sich wieder mit dem zu verbinden, was man wirklich gerne tut. Wir können viel Zeit damit verbringen, uns selbst zu belügen und Ziele zu verfolgen, die gar nicht unsere sind. Unter diesen Umständen ist es nicht überraschend, dass wir uns am Ende festgefahren oder demotiviert fühlen. Lass uns sehen, wie du den Funken wieder entzünden und deine Motivation steigern kannst.

A. Tu mehr von dem, was dir Spaß macht

Wenn du dich motivierter und glücklicher fühlen willst, dann tu jeden Tag mehr Dinge, die dich glücklich machen. Klingt einfach, oder? Nun, theoretisch ist es das auch.

Seltsamerweise kann man jedoch viel Zeit mit Dingen verbringen, die einen nicht glücklich machen. Wie oft hast du dich an „lustigen Aktivitäten" beteiligt, die dich am Ende des Tages unerfüllt zurückgelassen haben? Gibt dir deine Lieblingsfernsehsendung ein tiefes Gefühl von Erfüllung, nach dem du suchst?

Ein Grund dafür, dass du vielleicht unerfüllt bist, ist, dass du als *Konsument* und nicht als *Schöpfer* handelst. Als Mensch bist du sehr kreativ und kannst sehr viel Freude daran haben, Dinge zu erschaffen. Zum Beispiel hast du vielleicht Freude daran, Kunst zu erschaffen oder zu schreiben oder du magst es vielleicht, Dinge mit deinen Händen zu bauen. Aber wenn du dich für deine Erfüllung auf Konsum anstatt auf Schöpfung verlässt, funktioniert dies oft nicht.

Wenn es so viel Spaß macht, deine Kreativität zu nutzen, warum verschwendest du dann so viel Zeit zu konsumieren anstatt zu kreieren?

Erstens ist es viel einfacher, ein Konsument zu sein als ein Schöpfer. Beispielsweise ist das Ansehen von YouTube-Videos eine passive Aktivität, die wenig echte Anstrengung erfordert. Zweitens muss man sich beim Konsumieren nicht seinen Ängsten und Selbstzweifeln stellen, wie der Angst, nicht gut genug zu sein, der Angst zu scheitern usw. Drittens könntest du dich zum Konsum veranlasst fühlen, weil es das ist, was die meisten deiner Altersgenossen tun. Beispielsweise gehst du vielleicht jedes Wochenende feiern, weil deine Freunde das tun, obwohl andere, produktivere Aktivitäten dich viel glücklicher machen würden.

Ein weiterer Grund, warum du vielleicht nicht das tust, was dich glücklich macht, ist die soziale Konditionierung. Deine Eltern, deine Lehrer, deine Altersgenossen und die Gesellschaft als Ganzes erwarten wahrscheinlich, dass du dich auf eine bestimmte Art und Weise verhältst. In der Vergangenheit hat man dir vielleicht gesagt, welche Art von Karriere du anstreben, wie du deine Wochenenden verbringen, welche Art von Haus du kaufen oder zu welchem Zeitpunkt du heiraten solltest. Die Wahrheit ist, dass nur du weißt, was du mit deinem Leben anfangen willst. Und wenn du dir unsicher bist, liegt es in *deiner* Verantwortung, den für dich richtigen Weg zu finden. Niemand sonst kann das jemals für dich tun.

Verbringst du genug Zeit mit Aktivitäten, die *dich* glücklich machen oder vernachlässigst du sie zugunsten von weniger erfüllenden Aktivitäten?

Übung: Gib das auf, was dich nicht glücklich macht

Erstelle mit Hilfe deines Aktionshandbuches eine Liste deiner täglichen Aktivitäten (oder beziehe dich auf die Liste, die du für die

Zeitprotokoll-Übung erstellt hast). Dann frage dich: „Welche dieser Aktivitäten gibt mir ein Gefühl von Erfüllung, nach dem ich suche?" Sei radikal ehrlich zu dir selbst. Du wirst merken, dass viele Aktivitäten reine Ablenkung sind. Identifiziere Aktivitäten, die wenig Hirnleistung erfordern, wie z.B. mit dem Telefon spielen, soziale Medien checken oder YouTube-Videos ansehen. Ist es möglich, dass du zu viel Zeit mit solchen unproduktiven Aktivitäten verbringst?

Schauen wir uns nun genauer an, was dich *wirklich* glücklich macht.

Finde heraus, was dich glücklich macht

Weißt du wirklich, was einen guten Tag für dich ausmacht? Welche Aktivitäten machen deinen Tag zu einem schönen Tag? Ist es:

- Mehr Zeit mit einem Nebenprojekt verbringen?
- Mehr lesen?
- Mehr Zeit mit Freunden verbringen?

Ich lade dich ein, mehr von dem zu tun, was dich glücklich macht. Besser noch, ich ermutige dich, einen bestimmten Zeitraum für diese Aktivitäten einzuplanen. Wenn du jeden Tag nur zehn bis fünfzehn Minuten damit verbringst, Dinge zu tun, die du liebst, kann das deine Stimmung heben und dein Wohlbefinden steigern.

Übung: Finde heraus, was du gerne tust

1. Beantworte mithilfe deines Aktionshandbuches die folgenden Fragen:

- Wann hattest du das letzte Mal einen schönen Tag und warum? Was hast du gemacht? Vielleicht hast du etwas Neues ausprobiert, an einem Projekt aus Leidenschaft gearbeitet oder deine Freunde getroffen.
- Auf welche Aktivität freust du dich jeden Tag am meisten?
- Wenn du jeden Tag nur eine Tätigkeit ausüben könntest, die du liebst, welche wäre das?
- Welche Aktivitäten würden es dir ermöglichen, dich am Ende deines Tages vollständig erfüllt zu fühlen?

- Wie würdest du deinem besten Freund deinen idealen Tag
  beschreiben?
- Gibt es etwas, das du in der Vergangenheit gerne getan hast,
  aber jetzt nicht mehr tust?
- Gibt es etwas, das du schon immer machen wolltest, aber nie
  den Mut dazu hattest?

2. Nimm einen Stift und ein Blatt Papier oder benutze das
Aktionshandbuch und schreibe mindestens zwanzig Dinge auf, die
du gerne tust. Das können einfache Dinge sein, wie zum Beispiel
spazieren gehen oder Musik hören. Stelle sicher, dass du völlig
ehrlich zu dir selbst bist. Niemand sonst muss deine Liste sehen. Hier
ist meine.

1. Lesen
2. Neue Dinge lernen
3. Den menschlichen Geist erforschen
4. Über die Natur der Realität lernen
5. Menschen zum Erfolg verhelfen
6. Menschen helfen, ihr ideales Leben zu gestalten
7. Sport treiben
8. Spaziergänge machen
9. Tanzen
10. Über Wege zur Veränderung der Welt sprechen
11. Einen Unterschied machen
12. Dinge verbessern
13. Tiefe Gespräche mit einer anderen Person führen
14. Auf einer tiefen Ebene mit Menschen verbinden und ihre
    Leidenschaften erkennen
15. Menschen zum Lachen bringen
16. Menschen inspirieren
17. Schreiben
18. Fremdsprachen lernen
19. In verschiedenen Ländern leben und deren Kultur, Sprache
    und Denkweise kennenlernen
20. Menschen und Tiere beobachten

B. Finde heraus, was dich wirklich motiviert

Hast du Schwierigkeiten, dich selbst zu motivieren? Verbringst du manchmal nicht nur zu viel Zeit mit Aktivitäten, die dich nicht erfüllen, sondern verfolgst du auch die falschen Ziele?

Die Wahrheit ist, dass es uns selten an Motivation mangelt, sondern wir setzen uns oft die falschen Ziele, setzen uns die richtigen Ziele aus den falschen Gründen oder wir entscheiden uns aus Angst, nicht dem zu folgen, was wir wollen.

Um die richtigen Ziele für dich zu setzen, ist es wichtig, dass du:

- Radikal ehrlich zu dir selbst bist und beurteilst, ob deine derzeitigen Ziele die richtigen für dich sind
- Deine Stärken identifizierst und sie so oft wie möglich nutzt
- Deine Werte klärst und nach ihnen lebst
- Deine Vision klar definierst und sicherstellst, dass die meisten deiner Ziele darauf ausgerichtet sind

Betrachten wir jeden dieser Punkte der Reihe nach.

Die richtigen Ziele verfolgen

Auch wenn du vielleicht glaubst, die richtigen Ziele zu verfolgen, ist dies nicht immer der Fall. In Wirklichkeit verfolgst du vielleicht bestimmte Ziele, weil sie als cool angesehen werden oder weil sie dir die externe Zustimmung geben, nach der du suchst – zumindest hoffst du darauf. Selbst wenn du dir ein angemessenes Ziel setzt, gehst du es vielleicht falsch an.

Kurz gesagt, du könntest einen der folgenden drei Fehler machen:

a) Du idealisierst deine Ziele

1. Du verfolgst Ziele, um die Zustimmung anderer Menschen zu erhalten
2. Du arbeitest auf falsche Weise an den richtigen Zielen

Lass uns jeden dieser Fehler untersuchen.

a) Du idealisierst deine Ziele

Ein häufiges Problem ist es, seine Ziele zu „idealisieren" und sie spannender zu machen, als sie tatsächlich sind. Um diesen Fehler zu vermeiden, musst du bereit sein, brutal ehrlich zu dir selbst zu sein. Hier sind ein paar Beispiele:

- Du bist voller Begeisterung, weil du ein Video von einem Mann gesehen hast, der um die Welt reist und online arbeitet. Das bedeutet aber nicht automatisch, dass du das auch tun willst.
- Du hast eine Werbung gesehen, wie du mit dem Devisenhandel von zu Hause aus Geld verdienen kannst. Das bedeutet aber nicht, dass du deinen Tag vor deinem Computerbildschirm verbringen willst, um mit Währungen zu handeln.
- Du hast einen Mann mit einem Sixpack gesehen. Das bedeutet nicht, dass du bereit bist, die Arbeit zu tun, um einen Sixpack zu entwickeln oder dass du überhaupt wirklich einen Sixpack haben willst.

Ich will damit sagen, dass man allzu oft vorgibt, etwas zu wollen, was man eigentlich gar nicht will. Vielleicht stellst du dir ein ideales Ergebnis vor, das nichts mit der Realität zu tun hat, oder du projizierst Glücksgefühle, die du aber eigentlich nicht erleben wirst, sobald du deine Ziele erreicht hast. Wenn du deine Ziele idealisierst, lenkst du dich von dem ab, was dir wirklich wichtig ist. Diese Situation kommt häufiger vor, als es dir vielleicht bewusst ist. Ich würde sogar darauf wetten, dass es genau das ist, was du gerade jetzt in mindestens einem Bereich deines Lebens tust.

Die Idealisierung ihrer Ziele ist der Grund, warum viele Menschen jahrelang an einem Ziel arbeiten und dann doch nicht glücklicher sind, wenn sie es endlich erreicht haben. Um diese Falle zu vermeiden, ist es wichtig, dass du die Reise genießt, anstatt zu hoffen, dass irgendeine Art von Errungenschaft dich in der Zukunft glücklich macht.

Lerne deshalb, brutal ehrlich zu dir selbst zu sein und dich zu fragen, ob das, wovon du träumst, wirklich, wirklich, *wirklich* das ist, was du willst.

Übung: Finde heraus, was du wirklich willst

Schreibe mithilfe des Aktionshandbuches deine wichtigsten Ziele auf. Dann frage dich selbst:

- Ist das *wirklich* mein Ziel oder ist es das Ziel von jemand anderem?
- Begeistert es mich? Fühle ich mich dazu hingezogen oder muss ich mich ständig anstrengen und kämpfen?
- Was bringt es mir, dieses Ziel zu erreichen? Und ist es das, was ich *wirklich* will? Wird es mein Leben *wirklich* verbessern?

b) Ziele verfolgen, um die Zustimmung anderer Menschen zu erhalten

Jahrelang habe ich mir vorgestellt, wie ich um die Welt reise, während ich an meinem Online-Unternehmen arbeite. Als ich meinen Job kündigte und endlich die Gelegenheit dazu hatte, wurde mir jedoch klar, dass es nicht unbedingt das war, was ich wollte. Es stellte sich heraus, dass ich es eigentlich genieße, Struktur und Stabilität in meinem Leben zu haben. Die ganze Zeit umherzureisen war dann doch nicht so ansprechend für mich (obwohl gelegentliche Reisen wunderbar und bewusstseinserweiternd sind).

Ich habe mich selbst belogen, weil ich dachte, es wäre cool, als der internationale Reisende gesehen zu werden. Ich dachte, ich würde mich dadurch überlegen fühlen. Ich dachte, die Leute würden mich beneiden und mich als erfolgreich ansehen. Was ich jedoch wirklich wollte, war die Freiheit zu reisen, wann immer mir danach war, ohne unbedingt tatsächlich reisen zu müssen. Ich sehnte mich nach der Freiheit, meinen eigenen Zeitplan festlegen zu können und wollte die Wahl haben.

Oft verfolgen wir „noble" Ziele und hoffen, von anderen geliebt und geschätzt zu werden, wenn wir sie erreichen. Wenn wir als cool, selbstlos oder „erfolgreich" angesehen werden wollen, besteht die Gefahr, dass wir die meiste Zeit unseres Lebens damit verbringen, Ziele zu erreichen, die nicht die unseren sind. Kein Wunder, dass es uns am Ende an Motivation fehlt.

Was ist mit dir? Würdest du deine aktuellen Ziele noch verfolgen, wenn die Meinung anderer Menschen keine Rolle spielen würde? Oder würdest du etwas anderes tun, das für *dich* spannender ist?

Der absolute Schlüssel ist, sich auf Ziele zu konzentrieren, die sich für dich richtig anfühlen.

Deine Ziele müssen nicht unbedingt darin bestehen, die Welt zu verändern. Das Wichtigste ist, dass du radikal ehrlich zu dir selbst bist und jedes Ziel annimmst, das dich anzuziehen scheint. Wenn es dein Ziel ist, eine gute Mutter zu sein, dann sei eine gute Mutter. Wenn es dein Ziel ist, schöne Bilder zu malen, dann tu das. Nur *du* weißt, was du willst. Also nimm alles an, egal ob klein oder groß. Tu einfach mehr von dem, was du liebst und sieh, wohin deine Reise dich führt.

c) An den richtigen Zielen arbeiten, aber auf die falsche Art und Weise

Es ist auch möglich, dass du die richtigen Ziele setzt, aber auf falsche Weise daran arbeitest. In seinem Buch „*Drive: Was Sie wirklich motiviert*" argumentiert Dan Pink, dass drei Dinge als wirksame Motivatoren funktionieren. Diese sind:

- **Autonomie:** Der Drang, unser eigenes Leben zu lenken
- **Meisterschaft:** Der Wunsch, immer besser und besser in etwas zu werden, das von Bedeutung ist
- **Zweck:** Die Sehnsucht, dass wir etwas im Dienst von etwas tun, das größer ist als wir selbst

Es ist interessant festzustellen, dass die Hauptmotivatoren bei jedem Mensch unterschiedlich sein können. Einige Menschen werden *Autonomie* am meisten schätzen, während andere die *Meisterschaft* vorziehen. Wieder andere werden dem *Zweck* mehr Gewicht beimessen. Wenn es dir derzeit an Motivation mangelt, ist es vielleicht an der Zeit, dir deine Ziele anzusehen und zu überprüfen, wie sie mit deinen Hauptmotivatoren übereinstimmen.

Wenn du zum Beispiel *Autonomie* schätzt, wirst du deine Arbeit vielleicht mehr genießen, wenn du mit deinem Chef sprichst, um mehr Unabhängigkeit und Flexibilität bei der Arbeit zu bekommen.

Wenn du einen *Zweck* verfolgst, kannst du vielleicht länger oder öfter an einem Projekt arbeiten, bei dem du das Gefühl hast, etwas zu bewirken, sei es bei der Arbeit oder im Privatleben.

Wenn du *Meisterschaft* schätzt, kannst du dir vielleicht spezifische Ziele setzen, die du jeden Tag erreichen musst, damit du deine Fortschritte im Laufe der Zeit genau messen kannst. Du kannst auch einen internen Wettbewerb mit einigen deiner Kollegen veranstalten oder dir eine Herausforderung überlegen, die dich motiviert.

In ihrem Buch „*Not Another Motivation Book*" erklärt Joanna Jast, wie sie versuchte, weniger Kohlenhydrate und Süßigkeiten zu konsumieren, aber jahrelang scheiterte. Obwohl sie sich einen Wellnesstrainer gesucht hatte, kämpfte sie mit der Ernährungsumstellung. Ihrer Meinung nach war der Hauptgrund für ihr Scheitern, dass sie ihr Ziel nicht mit dem richtigen Motivationsantrieb, nämlich der *Meisterschaft*, zu erreichen versuchte.

Um ihr Ziel mit ihrem Hauptmotivationsantrieb in Einklang zu bringen, begann sie, sich selbst Herausforderungen zu stellen, die sie von Süßigkeiten wegbringen sollten, wobei sie ständig versuchte, ihre alten Rekorde zu brechen. Diese Methode wirkte Wunder bei ihr.

Dies zeigt, dass du, wenn du ein bestimmtes Ziel in der Vergangenheit wiederholt verfehlt hast, in Erwägung ziehen solltest, es anders anzugehen, indem du einen anderen Motivationsfaktor einsetzt. Wenn du *Autonomie* am meisten schätzt, versuche, dein Ziel so zu formulieren, dass es dir mehr Autonomie geben würde. Oder entwirf es so, dass du während des Arbeitsprozesses mehr Autonomie entwickelst (z.B. könntest du an einem Tag in der Woche von zu Hause aus arbeiten). Wenn du durch den *Zweck* am meisten angetrieben wirst, formuliere dein Ziel so, dass du das Gefühl hast, zu etwas beizutragen, das dir wichtig ist und miss deinen Fortschritt entsprechend (z.B. könntest du zählen, wie vielen Menschen du hilfst oder wie viele Dankes-E-Mails du erhältst). Wenn du am meisten Wert auf *Meisterschaft* legst, solltest du dich Herausforderungen stellen, die dich motivieren und es dir ermöglichen, deine Fortschritte im Laufe der Zeit zu verfolgen (z.B. könntest du dir Verkaufsziele setzen, die Anzahl der zu rennenden Kilometer festlegen, usw.).

Nachdem wir nun die wichtigsten Fehler gesehen haben, die es bei der Verfolgung deiner Ziele zu vermeiden gilt, wollen wir nun deine Stärken herausarbeiten, damit du diese nutzen und deine Motivation steigern kannst.

Deine Stärken nutzen

An meinem vorherigen Arbeitsplatz hatte ich das Gefühl, dass jeder Tag ein Kampf war. Ich fühlte mich weder kompetent, noch machte mir das, was ich tat, wirklich Spaß. Das lag daran, dass ich meine Stärken und Talente nicht nutzte und keine Leidenschaft für das hatte, was ich tat.

Andererseits macht mir das, was ich jetzt tue, wirklich Spaß. Sicher, ich habe auch meine Selbstzweifel, aber meine Arbeitstage sind viel angenehmer als früher. Das liegt daran, dass ich dabei meine Stärken ausspielen kann:

- Ich kann das Beste aus meiner (introvertierten) Persönlichkeit machen
- Ich kann nach meinen Werten leben (Freiheit, Autonomie, Beitrag usw.)
- Ich kann meine Vision verfolgen (Menschen zu helfen, ihr Leben zu verbessern)

Ich sitze nicht mehr an meinem Schreibtisch und wünsche mir, woanders zu sein. Stattdessen verbringe ich meine Zeit damit, das zu tun, womit ich mich gut fühle.

Ich will damit sagen, dass, wenn dir jeder Tag wie ein harter Kampf erscheint, du sehr wahrscheinlich deine Zeit mit Dingen verbringst, in denen du nicht gut bist, und zu wenig Zeit mit Dingen verbringst, die deine Stärken und deine natürlichen Fähigkeiten hervorbringen. Wenn du deine Stärken nicht nutzt, erweist du dir selbst und den Menschen, die von dem, was du zu bieten hast, profitieren könnten, einen schlechten Dienst. Außerdem machst du dir das Leben schwerer als nötig.

Übung: Finde deine Stärken

Verwende dein Aktionshandbuch und beantworte folgende Fragen:

- Was sind meine größten Stärken?
- Was glaube ich, kann nur ich tun? Was ist einzigartig an mir?
- Was fällt mir so leicht, dass ich wirklich nicht verstehen kann, warum andere Schwierigkeiten dabei haben?
- Wofür macht man mir Komplimente? Wenn du die Antwort darauf nicht weißt, frage deine Freunde, Familienmitglieder oder Kollegen.

Lass uns nun sehen, wie du deine Persönlichkeit verstehen und deinen Tag so gestalten kannst, dass er besser mit deiner Persönlichkeit übereinstimmt.

Wenn du Hilfe brauchst, um deine Stärken und deine Leidenschaft zu finden, lade dir mein kostenloses E-Book *Find What You Love: 5 Tips to Discover Your Passion Quick and Easy* herunter.

Deine Persönlichkeit verstehen

Bist du extrovertiert oder introvertiert? Ziehst du es vor, allein zu arbeiten oder Teil eines Teams zu sein?

Deine Persönlichkeitsmerkmale sind wichtig, da sie deine Arbeitsweise beeinflussen und bestimmen, wie du deinen Tag im Allgemeinen verbringst. Wenn du beispielsweise introvertiert bist, ziehst du es vielleicht vor, mehr Zeit allein zu verbringen, anstatt den ganzen Tag im Team zu arbeiten. Oder du ziehst vielleicht eine ruhige Umgebung einer lauten vor. Dein Kommunikationsstil ist vielleicht anders.

Im Folgenden sind einige Merkmale aufgeführt, die von der Mehrheit der introvertierten Menschen geteilt werden:

- Du ziehst es vor, Zeit allein zu verbringen, um dich aufzutanken
- Du magst Smalltalk nicht, genießt hingegen tiefe Gespräche
- Du bevorzugst kleine Gruppen
- Du denkst nach, bevor du sprichst
- Du wartest bis du aufgefordert wirst, bevor du sprichst
- Du vermeidest es, zu sprechen, bis du das Gefühl hast, etwas Wichtiges sagen zu können
- Du hörst mehr zu, als du redest
- Du redest viel, wenn es um ein Thema geht, das dich wirklich begeistert
- Du wählst Tiefe über Weite (z.B. würdest du lieber eine Handvoll Leute sehr gut kennen, anstatt mehrere Leute nur beiläufig)
- Du behältst deinen Enthusiasmus und deine Begeisterung für dich und teilst sie nur mit Leuten, die du sehr gut kennst
- Du weißt lieber viel über eine kleine Gruppe von Themen als ein wenig über viele Themen
- Du brauchst Zeit allein zum Nachdenken (statt Brainstorming-Sitzungen)
- Du magst keine Unterbrechungen
- Du fühlst dich bei Konflikten unwohl
- Du brauchst viel Vorbereitung, bevor du dich an eine Zuhörerschaft wenden kannst und hast Schwierigkeiten, über einen längeren Zeitraum hinweg zu sprechen

Mehr zum Thema Introvertiertheit findest du in meinem Buch: *The Thriving Introvert: Embrace the Gift of Introversion and Live the Life You Were Meant to Live.*

Werfen wir nun einen Blick auf einige Merkmale, die von der Mehrheit der extrovertierten Menschen geteilt werden:

- Du redest zuerst und verfeinerst später dein Denken (das Reden erlaubt es dir, deine Ideen zu organisieren)
- Du liebst es, mit Menschen zu sprechen
- Du redest mehr, als du zuhörst
- Du magst Teamarbeit
- Du löst gerne Probleme, indem du über sie diskutierst
- Du fühlst dich energetisch, wenn du dich unter andere Menschen mischst
- Du genießt es, im Mittelpunkt der Aufmerksamkeit zu stehen
- Du fühlst dich isoliert, wenn du zu viel Zeit allein verbringst
- Du hast Spaß daran, über eine Vielzahl verschiedener Themen zu sprechen

Wie du siehst, kannst du deinen Tag je nach Grad deiner Introvertiertheit oder Extrovertiertheit anders verbringen. Wenn du introvertiert bist und tagsüber nicht genug Zeit für dich selbst hast, wirst du am Ende wahrscheinlich erschöpft sein. Wenn du ein Extrovertierter bist und nicht genug menschliche Interaktion erfährst, wirst du dich womöglich einsam fühlen.

Was ist mit dir? Bist du eher introvertiert oder extrovertiert? Oder vielleicht bist du ein Ambivalenter (d.h. irgendwo in der Mitte).

Ziehst du es vor, ein Experte zu sein oder möchtest du lieber Teil einer Gruppe sein? Dies bezeichnete Nicholas Lore, der Autor von *The Pathfinder*, als Maestro vs. Tribal, zwei weitere erwähnenswerte Persönlichkeitsmerkmale.

„Tribals" arbeiten gerne für ein Unternehmen und gedeihen, wenn sie mit anderen auf ein gemeinsames Ziel hinarbeiten. Anstatt sich auf die Beherrschung einer bestimmten Fertigkeit zu konzentrieren, nehmen sie gerne eine Vielzahl von Aktivitäten in Angriff und haben nichts dagegen, innerhalb eines Unternehmens von einer Arbeitsstelle zur nächsten zu wechseln.

Auf der anderen Seite gibt es die „Maestros", die Spezialisten. Sie sind gerne Experten auf einem bestimmten Gebiet und beziehen einen großen Teil ihrer Identität aus dem, was sie tun, und nicht aus dem Unternehmen, dem sie angehören. Folglich ist es für sie unerlässlich, dass sie an etwas arbeiten, für das sie Leidenschaft empfinden.

Ich persönlich bin ein introvertierter Maestro. Ich arbeite gern allein oder in sehr kleinen Gruppen, und vertiefe mich lieber in bestimmte Themen, als eine Vielzahl von Aufgaben zu erfüllen.

Was ist mit dir? Siehst du dich selbst als „Tribal" oder als „Maestro"? Und bist du in der Lage, diesen Aspekt deiner Persönlichkeit bei der Arbeit auszuleben?

Wenn du Lust hast, schau dir die folgenden Persönlichkeitstests an: MBTI und Big-Five-Persönlichkeitstests. Kostenlose Versionen dieser Tests findest du online. Wenn du tiefer in die Materie eintauchen willst, kannst du auch bezahlte Tests machen.

Übung: Hebe deine Persönlichkeit hervor

Welche eine Sache kannst du auf der Grundlage dessen, was du über dich und deine Persönlichkeit weißt, tun, um deine Persönlichkeit besser auszuleben? Welche Auswirkungen hätte das auf dein Leben?

Identifiziere deine Kernwerte

Wenn du ein Leben führst, das nicht mit deinen Grundwerten übereinstimmt, spürst du vielleicht Widerstand oder Stress. Oder du hast das Gefühl, dass etwas nicht stimmt. Wenn du dir jedoch über deine Werte im Klaren bist, kannst du die richtigen Prioritäten setzen und mit Zuversicht auf deine Ziele zugehen.

Was schätzt du im Leben am meisten?

Sehen wir uns ein Beispiel für Kernwerte an.

Nehmen wir an, *Familie* ist deine oberste Priorität und man bietet dir auf Arbeit eine Beförderung an. Wenn die neue Arbeitsstelle längere Arbeitszeiten erfordert, würdest du die Beförderung wahrscheinlich ablehnen. Wenn du hingegen karriereorientiert bist, wirst du die Beförderung höchstwahrscheinlich annehmen.

Ein weiterer Wert könnte *Freiheit* sein. Wenn du einen starken

Wunsch nach Flexibilität und Autonomie hast, ziehst du es vielleicht vor, selbstständig zu sein, auch wenn du am Ende länger arbeiten musst oder weniger Geld verdienst.

Ein weiterer Wert könnte *Verbindung* sein. Wenn dies der Fall ist, bist du vielleicht bereit, eine gewisse Flexibilität zu opfern, um im Gegenzug starke Bindungen zu deinen Mitarbeitern zu schaffen.

Wie du siehst, gibt es, wenn es um Kernwerte geht, keine richtige oder falsche Antwort. Der Schlüssel liegt darin, deine wichtigsten Werte zu identifizieren, sie nach ihrer Wichtigkeit zu ordnen und dein Leben so zu gestalten, dass du nach deinen wichtigsten Werten leben kannst.

Übung: Bringe dein Leben mit den wichtigsten Werten in Einklang

Fülle die Tabelle in deinem Aktionshandbuch aus:

- Schreibe in der ersten Spalte deine fünf wichtigsten Werte auf
- In der zweiten Spalte schreibst du auf, ob du nach deinen Werten lebst oder nicht
- Schreibe dann in der dritten Spalte auf, was du tun kannst, um dein Leben besser auf deine wichtigsten Werte auszurichten

Erstelle deine Vision

Deine Vision gibt deinem Leben Sinn und bestimmt, was du jeden Tag tun solltest. Wenn dir die Motivation fehlt, ist es wahrscheinlich eine gute Idee, darüber nachzudenken, wo du in fünf oder zehn Jahren sein willst. Je inspirierender deine Vision ist, desto motivierter wirst du sein, die notwendigen Maßnahmen zu ergreifen, um sie Wirklichkeit werden zu lassen.

Eine wirksame Vision wird auf der Grundlage der folgenden Dinge geschaffen (oder aufgedeckt):

- **Deine Talente und Stärken:** Worin du von Natur aus begabt bist und/oder was du gerne tust

- **Deine Werte:** Was ist das Wichtigste für dich oder worum geht es dir wirklich
- **Deine Persönlichkeit:** Ob du introvertiert oder extrovertiert bist, lieber im Team oder allein arbeitest, etc.
- **Deine Fähigkeiten:** Was du in der Vergangenheit gelernt hast. Die Fähigkeiten, die du entwickelt hast, können ein Sprungbrett zu deiner endgültigen Vision sein.
- **Deine Leidenschaft(en):** Wofür du dich begeisterst. Das können Projekte sein, an denen du in der Vergangenheit gearbeitet hast, an denen du jetzt arbeitest oder an denen du in der Zukunft arbeiten möchtest. Das könnten die Themen sein, über die du mehr erfahren möchtest oder es könnte all das sein, zu dem du dich von Natur aus hingezogen fühlst.
- **Deine Lebenserfahrungen:** Dazu gehören zum Beispiel Herausforderungen, die du überwunden hast und Errungenschaften der Vergangenheit, auf die du stolz bist.

Durch die Kombination der oben genannten Elemente kannst du eine Menge innerer Widerstände beseitigen und eine Vision schaffen, auf die du dich mit Begeisterung stürzen kannst.

- Wenn du deine Talente und Stärken effektiv einsetzt, hast du nicht mehr das Gefühl, einen schweren Kampf zu führen.
- Wenn du nach deinen Grundwerten lebst, fühlst du dich geerdet, bist ehrlich zu dir selbst und erlebst weniger Schuld oder Scham.
- Wenn du deine Persönlichkeit einsetzt, hast du mehr Energie und fühlst dich besser mit dir selbst.
- Wenn du deine Fähigkeiten analysierst, generierst du Ideen für deine zukünftige Karriere und findest Wege, deinen Erfolg zu beschleunigen.
- Wenn du deiner Leidenschaft folgst, fühlst du dich energetischer und hast eine höhere Wahrscheinlichkeit, langfristig durchzuhalten.
- Wenn du auf deine Lebenserfahrungen zurückblickst, kannst du deine Stärken erkennen und in den

Herausforderungen, die du gemeistert hast, einen Sinn finden. Beispielsweise ist es üblich, dass Menschen ihren Sinn darin finden, anderen bei der Bewältigung ähnlicher Probleme zu helfen, mit denen sie selbst konfrontiert waren.

Was ist mit dir? Hast du eine klare und überzeugende Vision für dein Leben?

Übung: Identifiziere deine Vision

Fülle die entsprechenden Übungen in deinem Aktionshandbuch aus.

Wenn du erfahren willst, wie du deine Leidenschaft findest und eine Karriere gestalten kannst, die du liebst, kannst du folgendes Buch lesen: *The Passion Manifesto: Escape the Rat Race, Uncover Your Passion, and Design a Career and Life You Love.*

C. Setze dir spannende Ziele

Gibt es einen klaren Grund, für den du jeden Tag aufwachst? Wenn nicht, riskierst du, nur durchs Leben zu wandern, anstatt das Leben zu erschaffen, das du dir wünschst.

Inspirierende Ziele zu haben ist entscheidend für deinen langfristigen Erfolg. Manchmal ist es möglich, dass du dich festgefahren fühlst, weil du deine langfristigen Ziele aus den Augen verloren hast oder keine klaren Ziele hast, die dich genug begeistern. Wenn das der Fall ist, solltest du vielleicht Folgendes tun:

1. Verbinde dich wieder mit deinem ursprünglichen „Warum"
2. Stärke dein „Warum"
3. Mache neue Pläne

a) Dich wieder mit deinem ursprünglichen „Warum" verbinden

Hast du den Überblick verloren, warum du das tust, was du tust? Wenn ja, musst du vielleicht zu deiner ursprünglichen Vision zurückfinden.

- Wie hast du dich gefühlt, als du deine derzeitige Beziehung begonnen hast? Was waren deine tiefsten Sehnsüchte?

- Wie groß war deine Begeisterung, als du dein Unternehmen oder deine Karriere begonnen hast? Was wolltest du erreichen und warum war das für dich wichtig?

Übung: Dich wieder mit deiner Vision verbinden

Nimm dir mithilfe deines Aktionshandbuches etwas Zeit, um dich wieder mit deiner Vision zu verbinden. Schaffe Klarheit und versuche, den ursprünglichen Funken wieder zu entzünden.

b) Neue Pläne machen

Wenn dir die Motivation fehlt, solltest du in Erwägung ziehen, neue Pläne zu schmieden. Gelegentlich setze ich mich hin und überdenke meine langfristige Vision. Ich frage mich, was ich wirklich vom Leben will und ich höre auf meine Emotionen und neige zu dem, was mich begeistert. Das liegt daran, dass ich verstehe, dass es weitaus mächtiger ist, eine Vision zu schaffen, die mich anzieht, als sich allein auf Willenskraft zu verlassen.

Was ist mit dir? Was zieht dich an? Was willst du im Leben erreichen?

Übung: Neue Pläne machen

Lass deiner Fantasie freien Lauf und achte auf jedes Anzeichen von Begeisterung, das du erlebst.

- Gibt es ein Ziel oder eine Idee, zu der ich mich besonders hingezogen fühle?
- Gibt es etwas, wodurch ich mich wirklich gut fühle?
- Gibt es etwas, wozu ich jetzt Lust habe? Gibt es etwas, was ich in naher Zukunft erreichen will und es kaum erwarten kann?

Denke daran, dass es wichtig ist, wie du dich fühlst. Deine Emotionen sagen viel über dich und deine Werte aus.

c) Dein „Warum" stärken

Wir Menschen glauben gerne, dass wir rational handeln, aber in

Wahrheit neigen wir dazu, Ziele nach dem Kriterium auszuwählen, wie sie uns in Zukunft fühlen lassen. Wie du dich in Bezug auf dein Ziel fühlst, ist wichtiger, als zu betrachten, wie logisch es dir erscheint. Daher musst du eine emotionale Verbindung zu deinen Zielen herstellen und diese Verbindung auf dem Weg dorthin stärken.

Zum Beispiel könnte es durchaus sinnvoll sein, sich gesund zu ernähren. Es kann dir ermöglichen, länger zu leben, mehr Energie zu haben und dich besser zu fühlen. Es bedeutet jedoch nicht, dass du dich motiviert fühlst, dich gesünder zu ernähren. Wenn du keinen triftigen Grund hast, den du auf emotionaler Ebene nachvollziehen kannst, wirst du wahrscheinlich Mühe haben, deine Ernährung umzustellen.

Wenn dir im Moment die Motivation fehlt, sei ehrlich zu dir selbst. Hast du eine starke, emotionale Bindung zu deinen Zielen? Wenn nicht, stärke dein Warum, indem du deine Ziele neu formulierst oder durch aufregendere Ziele ersetzt.

Denke daran, dass dein Warum stärker wird, wenn es mit deiner Persönlichkeit, deinen Werten und deiner Vision im Einklang ist. Warum ist dein Ziel wichtig für dich? Wie wird es dein Leben verändern, wenn du es erreicht hast?

Nehmen wir an, du möchtest ein Online-Unternehmen starten. Warum ist das wichtig? Willst du es nur, um Geld zu verdienen oder geht es um mehr? Wenn es um das Geld geht, wirst du wahrscheinlich aufgeben, wenn du nicht schnell genug die gewünschten Ergebnisse erzielst. Wenn du jedoch starke, emotionale Gründe hast, wirst du in schwierigen Zeiten womöglich eher durchhalten.

Vielleicht möchtest du ein Online-Business gründen, weil du:

- unabhängig sein möchtest und keinen Chef haben willst, der dir sagt, was du tun sollst (Autonomie)
- deine Eltern öfter besuchen möchtest (Familie)
- mehr Zeit mit deinem Partner und deinen Kindern

verbringen möchtest (Familie)

- Zeit damit verbringen möchtest, das zu tun, was du liebst (Leidenschaft)
- längere Urlaube machen willst (Freiheit, Familie, Leidenschaft)
- um die Welt reisen willst (Freiheit)
- selbstständig arbeiten willst (Autonomie – Abgleich mit deiner Introvertiertheit)

Schließe die Augen und stelle dir all die Vorteile vor, wenn du dein Ziel erreicht hast.

Wie fühlst du dich dabei, mehr Zeit mit deiner Familie verbringen zu können? Wie ist es, dein eigener Chef zu sein? Um die Welt zu reisen? Fühlt sich ziemlich gut an, nicht wahr?

Welches Ziel wird dich deiner Meinung nach am meisten anspornen? Das ursprüngliche Ziel, mehr Geld zu verdienen oder das Emotionsgeladene? In beiden Fällen ist das Ziel dasselbe, nämlich die Gründung eines Online-Unternehmens, aber das Warum dahinter ändert alles.

Wie du siehst, ist eine emotionale Verbindung zu deinem Ziel von größter Bedeutung. Effektive Ziele begeistern dich. Sie greifen deine Kernwerte auf und sind auf deine Stärken und deine Leidenschaft ausgerichtet. Und je mehr (emotionale) Gründe dir einfallen, desto motivierter wirst du dich fühlen.

Übung: Dein „Warum" stärken

Setz dich, nimm einen Stift und ein Blatt Papier und beantworte die folgenden Fragen:

- Was ist das wichtigste (und aufregendste) Ziel, das ich im Moment verfolgen möchte und warum?
- Was sind all die Gründe, warum es geschehen muss?

Lass dir mindestens zwanzig Gründe für die Erreichung dieses Ziels einfallen. Wenn du kannst, versuche, hundert Gründe zu nennen.

4. SPRINGEN

A. Tu das Unmögliche

Hast du jemals etwas getan, was du für unmöglich gehalten hast? Wie hast du dich dabei gefühlt?

Leider wirst du von deinen Mitmenschen oft zurückgehalten. Basierend auf dem Bild, das sie von dir haben, sagen sie dir, was möglich und was nicht möglich ist. Das Problem ist, dass du in die Falle tappen könntest, dir selbst das Gleiche anzutun. Wenn du glaubst, deine Vergangenheit sei gleichbedeutend mit deiner Zukunft, dann wirst du nicht in der Lage sein, zu erkennen, wie radikal anders deine Zukunft sein könnte, wenn du das scheinbar Unmögliche versuchst.

In den meisten Fällen ist das Unmögliche jedoch eine *Meinung* und keine *Tatsache*. Unabhängig davon, was du glaubst, tun zu können, kannst du sogar noch mehr schaffen. Oft ignorierst du deine Talente und Fähigkeiten. Du kannst Dinge tun, von denen niemand um dich herum glaubt, dass du sie tun kannst, nicht einmal du selbst. Ja, das ist wahr. Du hast ein enormes Potenzial. Aber weil deine Zeit begrenzt ist, wirst du nie in der Lage sein, dein Potenzial voll auszuschöpfen. Was du jedoch tun kannst, ist, dich immer weiterzuentwickeln und die Grenzen dessen auszutesten, was für dich auf diesem Spielplatz, den wir Erde nennen, möglich ist.

Das Unmögliche zu tun, kann dein Modell der Realität drastisch verändern und deine Glaubenssätze erschüttern. Der Wahrheit deines Potenzials ausgesetzt zu sein, eröffnet eine ganz neue Welt von Möglichkeiten. Und wenn du einmal etwas Außergewöhnliches getan hast, dann kannst du es immer wieder tun.

Wenn du jemals etwas außerhalb deiner Komfortzone getan hast, hast du wahrscheinlich einen großen Energie- und Vertrauensschub als Ergebnis gespürt. Die Gefühle von Freude und Stolz, die du empfindest, wenn du dich selbst herausforderst und Erfolg hast, ist eine Einladung, zu wachsen und sich auszudehnen. Du bist auf die Erde gekommen, um mehr vom Leben zu erfahren und zu entdecken, wozu du fähig bist. Nicht, um dich irgendwie durchzuschlängeln. Folglich, wie der verstorbene Wayne Dyer so wunderschön sagte: *„Stirb nicht, ohne der Welt deine Musik zu zeigen."* Mit anderen Worten: Lass dich nicht durch Angst und Selbstzweifel davon abhalten, der Welt dein einzigartiges Geschenk zu geben.

Was ist mit dir? Welchen Teil deiner Realität willst du zerschlagen? Welche Wahrheit über dich selbst und dein Potenzial willst du entdecken? Wenn es eine Sache gäbe, die du in deinem Leben ändern oder erschaffen könntest, was wäre das?

Tu das Unmögliche und du wirst erkennen, dass die Grenzen, die du dir selbst auferlegt hast, meist gar nicht existieren. Denke daran: Wenn andere es können, kannst du es mit Sicherheit auch.

Was bedeutet es, das Unmögliche zu tun?

Das Unmögliche zu tun, bedeutet, alles zu tun, was du nicht für möglich gehalten hast, um damit dein Feld der Möglichkeiten zu erweitern. Das Hauptmerkmal einer solchen Handlung ist, dass es sich zumindest am Anfang etwas unangenehm anfühlt. Einige Beispiele könnten sein:

- Dich dem Mann bzw. der Frau deiner Träume nähern
- Eine Rede vor einem großen Publikum halten

- Einen Fallschirmsprung oder einen Bungee-Sprung machen oder etwas anderes, was dir Angst macht
- Fähigkeiten zu erlernen, die du für unmöglich hältst
- Verkäufe am Telefon zu erreichen

Ob etwas unmöglich ist oder nicht, ist höchst subjektiv. Der Schlüssel liegt darin, etwas auszusuchen, von dem man glaubt, dass man es nicht tun könnte und es dann auszuprobieren.

Zusätzliche Tipps:

Im Folgenden findest du einige Tipps, die dir helfen sollen, deine Komfortzone zu verlassen:

- Schließe dich einer Gruppe von Menschen an, die das tun, was dir Angst macht (wenn du z.B. Angst hast in der Öffentlichkeit zu reden, kannst du dich Toastmasters anschließen, einer Gruppe für öffentliche Reden).
- Tu es nur einmal. Wenn man etwas einmal tun kann, kann man es immer wieder tun. Das Wichtigste im Moment ist, es nur einmal zu tun.
- Einen Einsatz aufbringen. Investiere mit deinem hart verdienten Geld in einen Kurs, finde einen Partner, bei dem du Rechenschaft ablegen musst, usw. Je mehr du in das Spiel investierst, desto mehr hast du zu verlieren (siehe auch den Abschnitt *Suche dir einen Partner, bei dem du Rechenschaft ablegen musst*).

Übung: Tu das Unmögliche

Schreibe alles auf, was du glaubst, niemals tun zu können. Wähle jetzt eine Sache auf dieser Liste aus und verpflichte dich, sie diese Woche oder in diesem Monat auszuführen.

B. Neue Leute kennenlernen

Hattest du schon einmal das Gefühl, dass du dein passendes Umfeld nicht finden kannst? Anstatt nach den richtigen Leuten zu suchen, warum ziehst du sie nicht einfach an? Warum nicht eine Veranstaltung ins Leben rufen, der sie sich anschließen möchten?

Wir vergessen viel zu oft, wie viel Macht wir haben, um die Realität zu erschaffen, die wir uns wünschen. Wir lassen zu, dass unsere äußere Umgebung bestimmt, wie unser Leben auszusehen hat, anstatt selbst zu entscheiden, was wir wollen. Wir lassen oft zu, dass das, was mit uns geschieht, unser Leben diktiert. Doch in Wahrheit ist das, was mit uns geschieht, nicht so wichtig. Was zählt, ist, was wir dagegen tun. Wir müssen nicht das *Äußere* verändern, wir müssen nur das *Innere* verändern. Und wenn wir uns ändern, ändert sich alles für uns.

Du bist keine machtlose Kreatur. Du kannst die Umgebung, in der du leben möchtest, proaktiv gestalten. Du kannst die Umstände schaffen, die es dir ermöglichen, die Menschen zu treffen, die du treffen willst und die Ziele zu erreichen, die du erreichen willst. Warum also nicht daran arbeiten, dein eigenes Ökosystem zu schaffen? Warum nicht eine eigene Gemeinschaft aufbauen? Das ist effektiver, als einfach nur zu hoffen, dass du die richtigen Leute triffst.

Glücklicherweise ist es heutzutage nie einfacher gewesen, eine eigene Gruppe zu gründen. Zum Beispiel hat einer meiner Freunde in London eine Gruppe für persönliche Entwicklung gegründet, die es ihm ermöglicht, coole Leute zu treffen, während er seine Träume verfolgt. Er ist auf dem Gebiet der persönlichen Entwicklung tätig.

Vor einigen Wochen nahm ich an einem englischen Unterhaltungsaustausch teil. Ich war auf der Suche nach einer Beschäftigung und dies war eine der wenigen Aktivitäten, die ich in meiner Stadt finden konnte. Ich erfuhr, dass es sich um eine brandneue Veranstaltung handelte, welche von einer Französin ins Leben gerufen wurde, die nach sieben Jahren Aufenthalt in Schottland nach Frankreich zurückgekehrt war. Genau wie ich konnte sie keine ähnliche Aktivität in ihrer Gegend finden, also hat sie die Veranstaltung ins Leben gerufen.

Was ist mit dir? An welchen neuen Aktivitäten kannst du dich beteiligen oder welche neuen Aktivitäten kannst du schaffen, die dir helfen, deine Ziele und Träume zu verwirklichen? Von wem möchtest du umgeben sein und welche Ereignisse kannst du erschaffen, um diese Menschen in dein Leben zu ziehen?

Möchtest du mit Veganern, jungen Unternehmern, begeisterten Lesern oder wachstumsorientierten Menschen zusammen sein? Denke daran, es ist schwer, dich motiviert zu fühlen, wenn du nicht von Menschen umgeben bist, die ähnliche Werte und ähnliche Visionen haben wie du. Und ich fürchte, es liegt in deiner Verantwortung, diese Menschen für dein Leben zu gewinnen. Wenn du das bisher noch nicht getan hast, ist das wahrscheinlich aus einem der folgenden Gründe geschehen:

- **Deine Vision ist wackelig:** Du hast keine klare Richtung.
- **Deine Werte sind unklar:** Du hast keine bestimmten Regeln, nach denen du lebst. Deshalb folgst du einfach nur der Menge und lässt dich leicht von den Menschen um dich herum beeinflussen. Vielleicht hast du deinen Eltern erlaubt, deinen Beruf für dich zu wählen. Vielleicht ahmst du den Lebensstil deiner Freunde nach. Frage dich selbst, ob dein gegenwärtiges Umfeld ein Spiegelbild dessen ist, wer du wirklich bist. Wenn nicht, lege fest, was sich ändern muss.
- **Du bist nicht gesprungen:** Du bleibst in deiner derzeitigen Umgebung, weil sie bequem ist. Sie mag vielleicht nicht gut für dich sein, aber du bist vertraut mit dieser Umgebung und dein Gehirn findet Trost in der Vertrautheit. Um dein Leben zu verändern, Schwung aufzubauen und dich auf die Person zuzubewegen, die du werden willst, musst du irgendwann springen. Du musst aus deiner gegenwärtigen Situation herauswachsen und dich in eine neue Umgebung versetzen, in der du wachsen und anfangen kannst, dein wahres Selbst auszudrücken. Frage dich: Wenn du unbegrenzten Mut und keine Angst hättest, welchen mutigen Schritt würdest du jetzt tun?

Übung: Die richtigen Leute treffen

Beantworte mithilfe deines Aktionshandbuches die folgenden Fragen:

- Welche Art von Menschen möchte ich treffen und was sind ihre Werte, Visionen, Charaktereigenschaften usw.?
- Wo kann ich sie finden?
- Welche konkreten Aktionen werde ich unternehmen, um Gleichgesinnte zu treffen?

C. Alte Muster durchbrechen

Der Grund, warum du dich jetzt vielleicht festgefahren fühlst, ist, dass deine täglichen Rituale dir nicht guttun. Tatsächlich agierst du wahrscheinlich immer wieder nach den gleichen, alten Mustern. Und wenn du weiterhin auf dieselbe Weise denkst, fühlst und handelst, wird es dir schwer fallen, aus dem Trott herauszukommen und Momentum aufzubauen.

Deine täglichen Rituale mögen entweder gewollt oder unbewusst sein, aber du hast definitiv einige in deinem Leben. Eines deiner täglichen Rituale könnte zum Beispiel darin bestehen, morgens die Schlummertaste zu drücken. Oder dein Morgenritual besteht darin, darüber nachzudenken, wie schlimm dein Tag sein wird, sobald du deine Augen öffnest. Oder du scrollst mit deinem Telefon gedankenlos durch Facebook. Auf jeden Fall tust du wahrscheinlich immer und immer wieder das Gleiche. Einstein sagte: *„Die Definition von Wahnsinn ist, immer und immer wieder das Gleiche zu tun und andere Ergebnisse zu erwarten.“* Wenn du deine alten Muster nicht änderst, wird es dir daher schwer fallen, dich selbst zu motivieren.

Übung: Negative Muster erkennen

Wenn du dich jetzt festgefahren oder unmotiviert fühlst, dann muss das daran liegen, dass du anders denkst, fühlst und/oder handelst, verglichen zu den Zeiten, in denen du dich motiviert gefühlt hast. Schreibe mithilfe deines Aktionshandbuches auf, wie du jetzt denken, fühlen und handeln möchtest.

Alles anders machen

Manchmal musst du deine alten Muster durchbrechen, um mit deinem Leben vorankommen zu können. Was wäre, wenn du dich heute entscheiden würdest, genau das Gegenteil von dem zu tun, was du derzeit tust? Was wäre, wenn du deinen Tag damit verbringen würdest, Dinge zu tun, die du eine Zeit lang nicht getan oder noch nie gemacht hast?

Wenn du zum Beispiel seit Jahren nicht mehr Fahrrad gefahren bist, könntest du vielleicht genau das tun. Wie wäre es, einen Freund anzurufen, mit dem du seit Ewigkeiten nicht mehr gesprochen hast? Oder vielleicht könntest du Sport treiben oder Sportarten ausüben, die du schon lange nicht mehr ausgeübt hast. Denke an Aktivitäten, die dir in der Vergangenheit gefallen haben, die du aber schon lange nicht mehr gemacht hast. Die Teilnahme an diesen Aktivitäten könnte dir helfen, positive Erinnerungen zu wecken.

Denke daran, dass Handlungen Dynamik aufbauen.

Ein in Bewegung befindliches Objekt neigt dazu, in Bewegung zu bleiben. Du bist das Objekt. Wenn du den Ball erstmal ins Rollen gebracht hast, erwärmt sich dein Motor und du kannst einen negativen emotionalen Zustand leichter in einen positiven Zustand verwandeln. Somit kannst du nie wirklich feststecken. Es ist nur dein Denken, das dir dieses Gefühl gibt. Wenn du deine Gedanken änderst und dementsprechend handelst, ändert sich dein Gefühlszustand und infolgedessen auch deine Gedanken.

Frage dich selbst: Was müsste ich tun, um mich von diesem Gefühl des Steckenbleibens zu befreien?

Übung: Dinge anders machen

Schreibe in deinem Aktionshandbuch auf, was du jetzt tun kannst. Das könnten die Dinge sein, die du eine Weile lang nicht getan hast, aber auch neue Dinge, die du ausprobieren möchtest.

D. Eine Tat der Freundlichkeit ausführen

Wie oft bist du freundlich zu Fremden, ohne eine Gegenleistung zu erwarten? Wenn du wie die meisten Menschen bist, dann wahrscheinlich nicht allzu oft. Doch wenn du eine Tat der

Freundlichkeit für andere ausführst, fühlst du dich sicher gut danach. Und je besser du dich fühlst, desto wahrscheinlicher ist es, dass du die Handlung wiederholst. Wenn du dich also darauf konzentrierst, anderen zu helfen, kann das eine gute Möglichkeit sein, deinen emotionalen Zustand anzuheben und deine Motivation zu steigern.

Kleine Taten der Freundlichkeit können nicht nur ein gutes Gefühl vermitteln, sondern auch das Leben eines Menschen verändern. Selbst ein winziger Akt der Freundlichkeit wie ein einfaches Lächeln kann das Leben eines anderen Menschen beeinflussen. John Wang, der Begründer von „One Kindness", einer Bewegung, die Menschen zu freundlichen Taten inspiriert, gab ein Beispiel aus dem wirklichen Leben, um zu zeigen, wie ein einziger Akt der Freundlichkeit das Leben eines Menschen verändern kann. Ein Mann, der sich das Leben nehmen wollte, hinterließ eine Notiz auf seinem Schreibtisch, auf der stand: „Heute werde ich zur Golden Gate Bridge gehen. Wenn mich unterwegs eine Person anlächelt, werde ich nicht springen."

Leider hat an diesem Tag niemand diesen Mann angelächelt.

Wie du an diesem Beispiel sehen kannst, weiß man nie, wie sich ein einfacher Akt der Freundlichkeit auf das Leben anderer Menschen auswirken kann.

Wenn du nach Möglichkeiten suchst, anderen zu helfen, wirst du auch aufhören, dich zu sehr auf dich selbst und deine eigenen Probleme zu konzentrieren. Es gibt Millionen von Menschen auf der Welt, die von deiner Hilfe profitieren könnten. Und es gibt immer Menschen, die sich in weitaus schlimmeren Situationen befinden als du. Die Linderung des Leidens anderer Menschen und deines eigenen kann dir ein tiefes Gefühl von Erfüllung und deinem Leben einen zusätzlichen Sinn geben.

Taten der Freundlichkeit können sein:

- Eine Dankesnachricht schicken
- Einem Fremden helfen

- Ressourcen senden, um jemandem zu helfen, sein Ziel zu erreichen
- Jemanden anlächeln
- Ein echtes Kompliment machen
- Worte der Ermutigung anbieten
- Ein kleines Geschenk versenden
- Geld für eine Sache spenden, die dir am Herzen liegt
- Etwas umsonst unterrichten

Also, wem könntest du heute helfen? Tu eine Sache für jemanden, erwarte nichts als Gegenleistung und sieh, wie du dich dabei fühlst. Wie Martin Luther King Jr. sagte: *„Jeder kann großartig sein … denn jeder kann dienen. Man muss keinen College-Abschluss haben, um zu dienen. Du musst dein Subjekt und dein Verb nicht dazu bringen, zu dienen. Man braucht nur ein Herz voller Gnade. Eine Seele, die aus Liebe entsteht."*

Übung: Eine Tat der Freundlichkeit ausführen

Führe heute eine Tat der Freundlichkeit aus und erwarte keine Gegenleistung.

5. FERTIGSTELLEN

Fertigstellung baut Momentum auf.

Warum?

Weil es die Anzahl der offenen Loops reduziert, die dir im Kopf herumschwirren. Denke daran, ein Objekt in Bewegung bleibt in Bewegung. Du beginnst die Bewegung, indem du anfängst, aber vor allem, *indem du beendest, was du begonnen hast.* Zusätzlich zur Schließung eines offenen Loops wird das Erledigen einer Aufgabe dein Selbstwertgefühl stärken, was dich wiederum noch mehr motiviert, weiterzumachen.

In diesem Abschnitt erfährst du, wie du es dir zur Angewohnheit machen kannst, Aufgaben fertigzustellen. Du wirst auch lernen, wie du dein Selbstwertgefühl und deine Motivation steigerst, damit du dich weiter auf deine Ziele zubewegen kannst.

A. Aufgaben zu 100% fertigstellen

Wie oft beginnt man eine Aufgabe und lässt sie halbfertig liegen? Die meisten Menschen tun dies ziemlich oft.

Ist dir klar, welches Signal du damit an dein Gehirn sendest? Du sagst ihm, dass es in Ordnung ist, nicht zu beenden, was du angefangen hast. Wenn du dies wiederholt tust, entwickelst du die Gewohnheit aufzugeben. Dieser Mangel an Disziplin hat einen hohen Preis: Es gelingt dir nicht, das Leben zu gestalten, das du dir wünschst.

Deine Fähigkeit, das fertigzustellen, was du begonnen hast, ist einer der wichtigsten Faktoren dafür, wie glücklich und erfolgreich du letztendlich sein wirst. Wie wir bereits gesehen haben, schaffen unerledigte Aufgaben unnötiges Durcheinander, das am Ende deinen Fokus zerstört und deinen Schwung zunichte macht. Deine Gedanken werden überall sein, du wirst dich überfordert fühlen und nicht in der Lage sein, voranzukommen. Darüber hinaus verringert sich deine Produktivität drastisch, wenn du Aufgaben unvollständig lässt, weil du dich immer wieder der gleichen Aufgabe zuwenden musst, bis diese abgeschlossen ist.

Denke daran, dass Menschen, die ein hohes Maß an Motivation aufrechterhalten, Menschen sind, die beenden, was sie begonnen haben. Sie stellen das fertig, was sie gestartet haben und fühlen sich dadurch gut. Und auch wenn sie vielleicht nur an einigen wenigen Projekten arbeiten, erreichen sie auf lange Sicht weit mehr als die meisten Menschen.

Wenn du nicht zu Ende bringst, was du begonnen hast, ist es vielleicht an der Zeit, an der Lösung dieses Problems zu arbeiten. Dein zukünftiges Selbst wird dir dafür danken. Das verspreche ich dir!

Übung: Beende, was du begonnen hast

Schreibe eine Liste deiner unvollständigen Projekte. Wie fühlst du dich mit der Liste? Erinnere dich an eine Zeit, in der du ein wichtiges Projekt abgeschlossen hast. Wie hast du dich dabei gefühlt? Und was geschah danach? Hast du dich motivierter gefühlt? Hattest du mehr Selbstvertrauen?

B. Zerstöre das „Shiny-Object-Syndrom"

Ich glaube, dass die Unfähigkeit, sich lange genug auf eine Handlung zu konzentrieren, der Hauptgrund dafür ist, dass die meisten

Menschen ihre Ziele nicht erreichen. Wie viele Unternehmer scheitern, weil sie versuchen, mehrere Unternehmen gleichzeitig zu gründen oder weil sie versuchen, zu viele Dienstleistungen auf einmal anzubieten? Wie oft lesen Menschen ein Buch nach dem anderen zu einem bestimmten Thema, ohne die gewünschten Ergebnisse zu erzielen? Wie viele Menschen springen von einer Diät zur nächsten, ohne ihr Zielgewicht zu erreichen? All diese Menschen fallen auf das „Shiny-Object-Syndrom" herein und geben eine bestehende Gelegenheit für eine scheinbar aufregendere oder vielversprechendere auf.

Auch dies hat viel mit der Unfähigkeit zu tun, das zu vollenden, was du begonnen hast, was auf mehrere Faktoren zurückzuführen ist.

In diesem Abschnitt werden wir jeden dieser Faktoren durcharbeiten, damit du verstehst, welche Hauptgründe dafür sorgen, dass du nicht die gewünschten Ergebnisse in deinem Leben erzielst. Wenn du einmal verstanden hast, wie wichtig es ist, das zu Ende zu bringen, was du begonnen hast, können sich die Dinge für dich drastisch verbessern.

Lass uns nun detailliert sehen, warum du dich nicht auf deine Ziele konzentrieren kannst.

a) Mangelndes Verständnis

Ein mangelndes Bewusstsein dafür, wie Erfolg funktioniert, kann dazu führen, dass Menschen sich festgefahren fühlen. Du könntest zum Beispiel erwarten, dass du deine Ziele schnell erreichst, aber es stellt sich heraus, dass es eine lange und mühsame Reise ist, die mehr Zeit und Aufwand erfordert, als du dir ursprünglich vorgestellt hast. Wenn die Realität nicht deinen Erwartungen entspricht, ist es leicht, aufzugeben. Glücklicherweise kannst du, sobald du verstehst, wie der Prozess der Zielerreichung funktioniert, die richtigen Entscheidungen treffen und damit deine Chancen erhöhen, zu deinem Ziel zu kommen. Um zu erfahren, wie Erfolg in der Tiefe funktioniert, lade ich dich ein, mein Buch *Success is Inevitable* zu lesen.

b) Unwirksame Strategie

Hast du die richtige Strategie für den Erfolg? Konzentrierst du dich auf das, was dich wirklich nach vorn bringt? Wie produktiv und diszipliniert du auch sein magst, wenn du an den falschen Dingen arbeitest, wirst du nicht die Ergebnisse erzielen, die du anstrebst. Ein wirksamer Weg, Ablenkung zu vermeiden, besteht darin, genügend Zeit für die Planung aufzuwenden und gleichzeitig sicherzustellen, dass du die richtige Strategie hast. Hier ist ein einfacher Ansatz:

- Finde jemanden, der die gleichen Ergebnisse erzielt hat wie du und stelle sicher, dass es sich um jemanden handelt, mit dem du dich identifizieren und dem du vertrauen kannst. Mit dieser Person solltest du ein Gespräch führen.
- Entdecke, wie die Person dorthin gelangt ist. Welcher Karte ist sie gefolgt? Welche Überzeugungen hatte sie? Welche Gewohnheiten hat sie umgesetzt? Wenn möglich, frage sie, was sie tun würde, wenn sie noch einmal von vorne anfangen müsste. Wenn sie einen Kurs darüber anbietet, kaufe ihn dir.
- Wende alles aus dem Kurs und den Gesprächen an, bis du Ergebnisse siehst oder folge dem von dir festgelegten Plan.
- Wenn du keine greifbaren Ergebnisse erzielst, solltest du den Kurs wiederholen, bis du alles darin beherrschst, oder überarbeite deinen Plan. Widerstehe der Versuchung, einen anderen Kurs zu kaufen. Lerne weniger, aber tauche dafür tiefer in die Materie ein. Auf diese Weise wirst du auf lange Sicht hin großartige Ergebnisse erzielen.

c) Ungeduld

Menschen wollen in dreißig Tagen Millionär werden, in einer Woche zwanzig Kilo verlieren oder schnell und mühelos den idealen Partner finden. Leider funktioniert das Leben nicht so. Jedes sinnvolle Ziel braucht Zeit. Wenn deine Ziele also Zeit brauchen, um sich zu verwirklichen, nimm dies als positives Zeichen wahr. Deine Traumkarriere zu entwerfen, finanziell abgesichert zu sein oder dein Idealgewicht zu erzielen, wird niemals durch Glück geschehen. Es wird nur durch die Umsetzung eines bestimmten Prozesses über einen langen Zeitraum hinweg geschehen. Der Investor, Warren Buffet, sagte: *„Die Börse ist ein Instrument, um Geld von den Ungeduldigen zu den Geduldigen zu übertragen.“* Geduld gilt nicht nur für den Aktienmarkt, sondern auch für viele andere Bereiche deines Lebens. Menschen, die auf lange Sicht hin denken können und geduldig bleiben, werden täglich Entscheidungen treffen, die ihre Chancen auf eine bessere Zukunft erhöhen. Infolgedessen werden sie tendenziell gesünder und wohlhabender sein als Menschen, denen eine verspätete Erfüllung unmöglich erscheint.

Um ehrlich zu sein, war Ungeduld eines der härtesten Dinge, mit denen ich in den letzten Jahren zu kämpfen hatte. Wie die meisten Menschen möchte ich, dass die Dinge schnell geschehen, und zwar jetzt. Folglich musste ich sehr viel Mitgefühl mit mir selbst zeigen, wenn die Dinge nicht wie geplant verliefen. „Es ist okay, du hast Zeit“ und „Hab Geduld“ sind in den letzten Jahren zu meinen Lieblingsmantras geworden. Auch du fühlst dich wahrscheinlich frustriert und möchtest vielleicht von Zeit zu Zeit deine Ziele aufgeben. Erinnere dich aber *immer* daran, Geduld zu haben. Du hast Zeit. Das Leben ist ein Marathon, kein Sprint. Geh also einen Schritt zurück, betrachte das Gesamtbild und denke in Jahren oder in Jahrzehnten, nicht in Wochen oder Monaten. Wenn dir die Geduld fehlt, mach dich nicht selbst fertig. Wir sitzen alle im selben Boot. Geduld und langfristiges Denken sind Fähigkeiten, die du im Laufe der Zeit entwickeln kannst, indem du dich auf das langfristige Bild konzentrierst.

Dieser Wechsel vom kurzfristigen zum langfristigen Denken wird in deinem Leben einen großen Unterschied machen. Ich würde sogar so weit gehen zu sagen, dass deine Fähigkeit langfristig zu denken, zum größten Teil bestimmen wird, wo du dich in zehn Jahren befindest.

d) Mangel an Kontinuität

Geduld zu haben ist wunderbar, aber wenn man einfach abwartet, ohne etwas zu tun, wird auch nichts passieren. Mangelnde Kontinuität ist ein weiterer Schlüsselfaktor, der erklärt, warum Menschen ihre Ziele nicht erreichen. Wusstest du, dass der Schwimmer und olympische Goldmedaillengewinner Michael

Phelps im Alter von zwölf bis achtzehn Jahren keinen einzigen Trainingstag verpasst hat? Nun, das nenne ich Kontinuität!

Wir alle kennen Menschen, die nicht aufhören können, darüber zu reden, was sie „tun werden". Sie werden all dieses überschüssige Gewicht verlieren, dieses unglaubliche Geschäft aufbauen oder so viel Geld verdienen. Doch wenn die ursprüngliche Begeisterung nachlässt, hört man nie wieder etwas von ihren aufregenden Plänen. Sie sind bereits zur nächsten neuen Sache übergegangen und sie werden sich in den nächsten Jahren immer wieder mit anderen Dingen beschäftigen, ohne je eines ihrer Ziele zu erreichen. Und warum? Weil es ein Muster ist. Es ist zu einer Gewohnheit geworden, die tief in ihrem Gehirn verwurzelt ist.

Dasselbe gilt auch für dich. Wenn es dir in einem Lebensbereich an Kontinuität mangelt, fehlt es dir wahrscheinlich auch in anderen Bereichen an Kontinuität. Wenn das der Fall ist, wird das Lesen eines weiteren Buches, der Kauf eines weiteren Kurses oder das Ausprobieren einer weiteren Diät nicht funktionieren. Du musst deine Verhaltensmuster ändern und Beständigkeit muss Teil deiner Identität werden.

e) Furcht

Der Grund dafür, dass viele Menschen nicht die gewünschten Ergebnisse erzielen, liegt oft an ihrer Angst. Von einer Gelegenheit zur nächsten zu springen, wird als Entschuldigung benutzt, um harte Arbeit zu vermeiden. Das ist wie bei Menschen, die Stunden damit verbringen, nach den besten Produktivitätstipps zu suchen, während sie dabei die wichtigsten Aufgaben, auf die sie sich eigentlich konzentrieren sollten, aufschieben. Vielleicht fühlst du dich festgefahren, weil du versuchst, vor deinen Ängsten wegzulaufen. Das ist auch der Grund dafür, dass es so viele Menschen gibt, die trotz unzähliger, gelesener Bücher immer noch in genau der gleichen Situation stecken wie am Anfang.

Denke daran: *Handeln heilt Angst.*

Es gibt zwar noch andere Techniken, um deine Ängste zu überwinden, aber Nikes Motto „Just do it" könnte eine der wirksamsten sein. Obwohl es wie ein Klischee klingen mag, es funktioniert wirklich. Wie sieht es bei dir aus? Verfolgst du gerade all die Tätigkeiten, denen du im Moment nachgehen solltest?

f) Mangelnde Verpflichtung

Die meisten Menschen verfolgen Ziele, ohne sich diesen Zielen wirklich verpflichtet zu fühlen. Sie kaufen ein Buch oder ein Programm, von dem sie bereits „wissen", dass es für sie nicht funktionieren wird. Wenn sie so denken, haben sie jedoch schon versagt, bevor sie überhaupt angefangen haben. Das Problem ist, dass sie sich dessen vielleicht nicht einmal bewusst sind.

Verpflichtung ist eine mächtige Kraft. Leider machen nur wenige Menschen davon Gebrauch. Wie wir später sehen werden, ist es ein wirksames Mittel, die Dynamik aufrechtzuerhalten. Du kannst damit deine Ziele erreichen, weil du dich zu etwas verpflichtet fühlst und dafür zur Rechenschaft gezogen wirst. Um wirksam zu sein, solltest du dich für ein Ziel verpflichten, das sich für dich richtig anfühlt. Darüber hinaus solltest du auch eine klare Frist für die Zielerreichung festlegen. Doch bevor du dich zu etwas verpflichtest, musst du ehrlich zu dir selbst sein und auf dein Inneres hören. Du musst auf jedes Anzeichen von Widerstand achten, das dir begegnet. Widerstand ist in der Regel das Ergebnis von mindestens einem der folgenden drei Dinge:

- **Mangelnde Klarheit:** Du bist dir nicht sicher, was du versuchst zu erreichen oder weißt nicht, wie du es erreichen kannst. Daher kannst du dich nicht zu den Handlungen verpflichten, die erforderlich sind, um dein Ziel zu erreichen.
- **Mangel an Leidenschaft:** Dein Ziel fühlt sich für dich nicht ganz richtig an. Vielleicht liegt es daran, dass dein Ziel nicht mit deinen Werten oder Zwecken übereinstimmt. Wenn du dich nicht zu deinem Ziel hingezogen fühlst, wirst du Schwierigkeiten haben, auf lange Sicht motiviert zu bleiben.
- **Mangel an Glauben:** Tief im Inneren hast du das Gefühl, dass du dein gesetztes Ziel nicht erreichen kannst. Wenn

dies der Fall ist, musst du entweder dein Ziel herabsetzen oder deine Frist verlängern. Dein Vertrauen in deine Fähigkeit, dein Ziel zu erreichen, sollte mindestens eine 7 auf einer Skala von 0 bis 10 sein.

Wenn du weißt, was du willst und wie du es erreichen kannst und *du auch wirklich glaubst*, dass du es schaffen kannst, wird es einfacher sein, dich dazu zu verpflichten.

g) Informationsflut

Leidest du unter Informationsüberlastung? Im Allgemeinen gilt: Je mehr Informationen du aufnimmst, desto weniger wirst du zu Handlungen neigen und desto überforderter wirst du dich fühlen. Der Hauptgrund, warum Menschen unter Informationsüberlastung leiden, ist, dass ihnen die *Absicht* hinter dem, was sie tun, fehlt. Wenn du nach Informationen suchst, ohne irgendeinen Zweck im Kopf zu haben, wird sich dein Gehirn verwirrt fühlen. Wie kann dein Gehirn die Informationen, die du ihm zuführst, kohärent organisieren, wenn keine klaren Anweisungen gegeben werden? Das kann es nicht, zumindest nicht effektiv. Stattdessen nimmt es die Informationen lediglich auf und bleibt unsicher, was es mit ihnen machen soll. Um diese Situation zu vermeiden, musst du die Gewohnheit schaffen, mit einem bestimmten Zweck im Hinterkopf zu lernen. Du musst „strategisches Lernen" praktizieren.

Denke daran, dass die Menge der Nachforschung, die du betreibst, die Bücher, die du liest oder die Kurse, die du belegst, nicht bestimmen, wie viel du erreichen kannst oder wie groß dein Einfluss auf die Welt sein wird. Die Wahrheit ist, dass viele Menschen viel zu viel Wissen haben, aber viel zu wenig damit tun. Versteh mich nicht falsch, ich liebe neue Sachen zu lernen und ich glaube, dass es wichtig ist, aber ich weiß auch, wie gefährlich es sein kann, wenn wir den Akt des Wissenserwerbs als Vorwand benutzen, um Aufgaben hinauszuzögern. Es ist auf jeden Fall besser als sich eine Fernsehserie anzuschauen oder Videospiele zu spielen, aber ohne Handlung wird Wissen allein nicht helfen, deine Träume zu verwirklichen.

Du musst klare Absichten festlegen, wenn du ein Buch liest, einen

Kurs beginnst, online recherchierst oder etwas anderes tust. Du musst sicherstellen, dass das, was du tust, dich deinem Ziel näherbringt und nicht nur ein Vorwand für Prokrastination ist. Bevor du nach Informationen suchst, solltest du dir folgende Fragen stellen:

- Was versuche ich hier zu erreichen?
- Was ist meine konkrete Absicht?

Wenn du dich zum Beispiel entscheidest, ein bestimmtes Buch zu lesen, was ist dein Endziel? Willst du lernen, wie man etwas Bestimmtes tut? Willst du die Informationen aus dem Buch nutzen, um einen Artikel zu schreiben? Ausgehend von deinem Ziel brauchst du vielleicht nur ein paar Seiten oder ein bestimmtes Kapitel zu lesen, anstatt das ganze Buch. Eine andere Frage, die du dir stellen kannst, ist: „Was passiert, wenn ich dieses Buch nicht lese, diesen Kurs nicht mache, usw.?". Wenn deine Antwort „nichts" lautet, dann solltest du deine Zeit vielleicht lieber mit etwas anderem verbringen.

Denke daran: Je überlegter du handelst, desto produktiver wirst du sein und desto weniger überwältigt wirst du dich fühlen.

Im Folgenden findest du einige Tipps, die dir helfen sollen, eine Informationsflut zu vermeiden:

Plane dein Lernen

Du kannst das Risiko, abgelenkt zu werden, verringern, indem du dir zu Beginn eines jeden Jahres einige, klare Ziele setzt. Um dies effektiv zu tun, entscheide dich für die wenigen Fertigkeiten, die du wirklich lernen oder verbessern willst und für ein paar größere Projekte, die du abschließen möchtest. Wenn du zum Beispiel ein Online-Unternehmen hast, könntest du dich für folgende Lernfortschritte entscheiden:

- Wie du Facebook-Werbung für das Wachstum deines Unternehmens nutzen kannst
- Wie du deine E-Mail-Liste vergrößern kannst
- Wie du einen Online-Kurs erstellen und verkaufen kannst

Du könntest für jedes Projekt einen spezifischen Kurs kaufen, ein klares Ziel setzen und dich darauf konzentrieren, einen Kurs abzuschließen, bevor du zum nächsten Projekt übergehst. Jedes Mal, wenn du dazu neigst, ein anderes Programm zu kaufen, denke daran, dich auf das gekaufte Programm zu konzentrieren, bis du die gewünschten Ergebnisse erzielst.

Du kannst diese Strategie auf alles anwenden, was du erreichen willst, z.B. Gewicht verlieren, eine technische Fertigkeit erlernen oder ein Buch schreiben. Weniger ist oft besser. Konzentriere dich auf eine Handvoll Fähigkeiten und die Projekte, an denen du interessiert bist, erstelle einen Zeitplan und halte dich daran.

Zusätzliche Tipps:

Hier sind einige Tipps, die dir helfen, dein Lernen zu optimieren:

- Vorsicht bei kostenlosen Kursen. Obwohl es heutzutage eine Menge kostenloser Inhalte gibt, solltest du bezahlte Kurse für die Fähigkeiten, die du ernsthaft erlernen möchtest, vorziehen. Dann hast du dich der Aufgabe stärker verpflichtet und profitierst von einer klaren Struktur, auf die du dich beim Lernen verlassen kannst.
- Grenze die Kurse/Bücher, aus denen du lernst, ein. Sei auch hier beim Lernen überlegt. Es ist besser, dich auf ein oder zwei Kurse auf einmal zu konzentrieren und sie sorgfältig durchzuarbeiten, als von einem Kurs zum nächsten zu springen und nirgendwo zu landen.

Unnötige Anreize entfernen

Hast du jemals einen Kurs zugunsten eines anderen Kurses aufgegeben, der dir aufregender oder interessanter erschien? Hast du schon einmal an Webinaren teilgenommen, um ein weiteres Produkt zu kaufen? Experten für digitales Marketing schätzen, dass die meisten Menschen jeden Tag zwischen 4.000 und 10.000 Werbeanzeigen ausgesetzt sind. Mit jeder neuen Anregung, ob Display-Anzeigen, empfohlene Videos oder Werbe-E-Mails, steigt das Risiko, abgelenkt zu werden. Der springende Punkt ist, dass es nie einfacher war, aus der Spur zu geraten, als jetzt. Daher gilt: Je weniger du dich den unnötigen Informationen aussetzen musst, desto besser. Im Folgenden findest du einige Dinge, die dir dabei helfen können:

- **Werbe-E-Mails abbestellen:** Gehe deine E-Mails durch und melde die meisten, wenn nicht sogar alle Werbe-E-Mails ab. Du kannst dich später immer wieder anmelden, wenn du die Informationen wirklich benötigst.
- **Verwende Software, um Anzeigen zu blockieren:** Verwende Adblock-Software oder Browser wie Brave, um zu vermeiden, dass Werbung angezeigt wird, wenn du z. B. Videos auf YouTube ansiehst.
- **Installiere Programme, die den Zugriff auf deine Lieblings-Webseiten blockieren:** Wenn du bei der Arbeit Zeit im Internet verschwendest, installiere Programme, die die Webseiten blockieren, auf denen du die meiste Zeit verbringst.
- **Verringere die Zeit, die du mit dem Überprüfen von E-Mails und Social-Media-Plattformen verbringst:** Überprüfe deine sozialen Medien und E-Mails nur wenige Male am Tag und mit einem klaren Ziel vor Augen (z.B. auf neue E-Mails antworten, eine Nachricht an einen Freund auf Facebook senden, usw.).
- **Setze dich externen Reizen nur in einem bestimmten Zeitraum aus:** Erstelle eine Routine, die es dir ermöglicht, deine tägliche Aussetzung gegenüber „unnötigen" Reizen in einem einzigen „Zeitraum" zu erhalten. Die Idee dahinter ist, alle deine ablenkenden Aktivitäten zusammenzufassen und sie dadurch einzugrenzen.
- **Erstelle ein Ideentagebuch:** Benutze ein spezielles Notizbuch, um alle Ideen, die du im Laufe des Tages hast, aufzuschreiben. So vermeidest du, dass du während der Arbeit an einer Aufgabe abgelenkt wirst.
- **Organisiere deinen Desktop:** Die Dateien, die du am häufigsten verwendest, sollten am leichtesten zu finden sein. Organisiere deshalb deinen Desktop so, dass du leichten

Zugriff auf das Projekt hast, an dem du gerade arbeitest. Reduziere auch die Anzahl, der auf deinem Computer geöffneten Fenster auf ein Minimum.

- **Reinige deinen Schreibtisch:** Entferne unnötige Gegenstände von deinem Arbeitsplatz. Das Entrümpeln deines Schreibtisches kann dir helfen, deinen Kopf frei zu bekommen und deine Konzentration zu steigern.
- **Führe eine digitale Entgiftung durch:** Erwäge von Zeit zu Zeit, dich einen Tag oder länger von jeglicher Technologie fernzuhalten. Das wird dir helfen, die Menge der Informationen, denen du ausgesetzt bist, zu reduzieren und deinen Geist zu reinigen.

Weitere Tipps, wie du deinen Geist aufräumen und deinen Fokus erhöhen kannst, findest du im entsprechenden Abschnitt am Anfang dieses Buches.

Kurz gesagt, um Ablenkungen zu vermeiden, solltest du Folgendes tun:

- **Sei bewusst:** Identifiziere die Bereiche deines Lebens, die deine Ziele behindern. Verstehe, wie Erfolg funktioniert und ändere deine Denkweise entsprechend.
- **Entwickle eine wirksame Strategie:** Verbringe Zeit damit, einen effektiven Plan auszuarbeiten, der, wenn du ihn befolgst, die von dir gewünschten Ergebnisse liefert. Überlege dir dafür nichts Neues, sondern imitiere, was Menschen, die deine Ziele erreicht haben, getan haben.
- **Sei geduldig:** Das Leben ist ein Marathon, kein Sprint. Wenn du langfristig denkst, wirst du viel mehr erreichen als die meisten Menschen. Dies sollten deine Mantras sein: „Hab Geduld" und „Es ist okay, ich habe Zeit".
- **Sei konsequent:** Konzentriere dich auf eine bestimmte Vorgehensweise und verfolge diese jeden Tag konsequent, bis du die gewünschten Ergebnisse erzielst.
- **Überwinde deine Ängste:** Sei ehrlich zu dir selbst und stelle dich deinen Ängsten, anstatt durch Hinauszögern zu

verhindern, dass du deine Komfortzone verlässt. Denke daran: Handeln heilt Angst.

- **Verpflichte dich:** Setze dir ein bestimmtes Ziel, das dich reizt. Setze dir eine klare Frist und beschließe, dein Ziel zu erreichen. Um dir zum Erfolg zu verhelfen, mache dein Ziel öffentlich oder suche dir einen Partner oder Coach, falls nötig.
- **Vermeide Informationsüberlastung:** Hast du eine klare Absicht hinter dem, was du tust, erstelle einen Lernplan und entferne so viele ablenkende, äußere Reize wie möglich. Je konzentrierter du bist, desto weniger überwältigt wirst du dich fühlen.

C. Halte deine Versprechen

Versprechen zu brechen ist ein weiterer Akt, der gegen das Prinzip der Fertigstellung verstößt. Dabei öffnet man Loops und versäumt es, sie zu schließen. Man könnte meinen, dass es keine große Sache ist, seine Versprechen nicht einzuhalten oder aus Höflichkeit Ja zu sagen, aber ich denke, das ist es.

Warum?

Weil das Brechen von Versprechen bedeutet, dass deine Worte wenig Macht haben. Du sagst Dinge, aber du hältst sie nicht ein. Infolgedessen kannst du dir selbst nicht vertrauen, weil du weißt, dass du deine Versprechen wahrscheinlich sowieso brechen wirst. Menschen, die Versprechen gegenüber anderen nicht halten können, können normalerweise auch Versprechen gegenüber sich selbst nicht halten. Wenn du deine Versprechen oft genug brichst, wird es zur Gewohnheit werden. Folglich wirst du, welches Ziel du dir auch immer setzt, wahrscheinlich nicht die erforderlichen Maßnahmen ergreifen, um es zu erreichen.

Indem du deine Versprechen nicht einhältst, teilst du dir selbst und anderen mit, dass das, was du sagst, keine Rolle spielt. Und wenn du dein Wort wiederholt nicht einhältst, untergräbst du dein Selbstwertgefühl und verlierst deine Selbstachtung. Vielleicht fängst du dann an zu denken: „Was bringt es, mir Ziele zu setzen, die ich sowieso nicht erreichen werde?"

Schauen wir uns nun die beiden Arten von Versprechen an und was du tun kannst, um sie einzuhalten.

a) Halte deine Versprechen gegenüber anderen

Lass uns nun einen Blick darauf werfen, was es bedeutet, seine Verpflichtungen gegenüber anderen einzuhalten:

- **Sage nur Ja, wenn du es auch wirklich einhalten kannst:** Wie oft sagst du Ja zu anderen, ohne die Absicht zu haben, es wirklich einzuhalten? Lerne, seltener Ja zu sagen, aber wenn du es tust, achte darauf, dass du deine Versprechen hältst. Es gibt keine hundertprozentige Kontinuität, aber dein Endziel sollte sein, deine Verpflichtungen so gut wie möglich einzuhalten.
- **Kläre genau, was getan werden muss und warum:** Mangelnde Kommunikation kann zu zusätzlicher Arbeit führen. Scheue dich also nicht, um Klärung zu bitten, bevor du dich zu etwas verpflichtest. Vielleicht erkennst du, dass die Aufgabe effektiver erledigt oder delegiert werden kann, oder gar nicht erst ausgeführt werden muss. Denke auch daran, dass die Wahrscheinlichkeit, dass du die Aufgabe effektiv und effizient erledigst, umso größer ist, je mehr Klarheit du über den Prozess hast.
- **Tu, was du sagst:** Wenn du etwas sagst, dann meine es auch so. Wenn du sagst, dass du an einem bestimmten Tag eine E-Mail an jemanden schicken wirst, stelle sicher, dass du es tust. Gib deinen Worten Kraft, indem du nach ihnen handelst. Mach es dir zur Gewohnheit und die Leute werden dich als einen der zuverlässigsten Menschen ansehen, die sie kennen. Beginne damit, deine kleinen Versprechen immer wieder einzuhalten.
- **Sei immer pünktlich:** Strebe Pünktlichkeit an. Wenn du wiederholt zu spät kommst, teilst du der anderen Person mit, dass deine Zeit wichtiger ist als ihre. Wie ich immer wieder

betone, ist Zeit eines unserer wertvollsten Güter. Was sagt es über dich aus, wenn du die Zeit anderer Menschen nicht respektierst? Natürlich gibt es Zeiten, in denen Pünktlichkeit weniger wichtig ist (z.B. bei Picknicks, Partys und Veranstaltungen, bei denen die Leute kommen und gehen können, wie sie wollen). Doch ansonsten versuche, so pünktlich wie möglich zu sein.

Wenn du lernst, deinen Verpflichtungen die meiste Zeit nachzukommen, wirst du langfristig aus der Masse herausstechen und dich von ihr abheben.

b) Halte deine Versprechen gegenüber dir selbst

Weißt du, wie viele Menschen ihre Vorsätze fürs neue Jahr auch tatsächlich umsetzen? Laut einer Untersuchung der Universität von Scranton sind es nur acht Prozent!

Ich strebe danach, (fast) allen meinen Verpflichtungen für andere nachzukommen, aber ich nehme auch meine Versprechen an mich selbst und meine Ziele sehr ernst. Das liegt daran, dass ich es als ein Zeichen der Selbstachtung betrachte, mein Versprechen zu ehren. Ich verstehe, dass dies auf lange Sicht der Unterschied zwischen dem Leben ist, das ich führen will und dem Leben, das ich laut anderen Menschen führen soll. Natürlich bin ich nicht perfekt, aber wo immer möglich, versuche ich immer, mein Wort zu halten.

Um die Versprechen, die du dir selbst gibst, zu ehren, musst du dir die Gewohnheit aneignen, einfache Aufgaben konsequent und täglich zu erledigen. Fange klein an und bleibe konsequent. Mit der Zeit wirst du in der Lage sein, immer größere Ziele zu erreichen und dein Selbstvertrauen wird wachsen. Du stärkst damit dein Selbstwertgefühl und du wirst dich auch mit dir selbst besser fühlen. Ein weiterer Nebeneffekt ist, dass die Menschen um dich herum dich als vertrauenswürdig wahrnehmen und sie werden eher bereit sein, dir zuzuhören und in deine Fußstapfen zu treten. Wem würdest du lieber vertrauen? Jemandem, der sein Wort hält oder jemandem, der nie tut, was er sagt?

Wie oft brichst du die Versprechen, die du dir selbst und anderen gibst?

Übung: Halte deine Versprechen

Fülle die Übungen im entsprechenden Abschnitt deines Aktionshandbuches aus.

D. Klug prokrastinieren

Gehe den Weg des geringsten Widerstands

Mark Twain sagte einmal: *„Wer morgens einen Frosch isst, der geht durch den Tag mit der Gewissheit, dass es nicht mehr schlimmer werden kann."* Der Erfolgsexperte Brian Tracy hat diese Idee in seinem populären Buch *Eat That Frog* aufgegriffen und erklärt, dass man morgens als erstes an seinen wichtigsten Aufgaben arbeiten sollte (d.h. den Frosch essen). Wenn du diese Aufgaben erledigst, wirst du einen Motivationsschub erleben und in der Lage sein, Momentum aufzubauen, der dich durch den Rest des Tages trägt. Ich stimme dieser Philosophie zu und empfehle dir, sie in deinem eigenen Leben anzuwenden.

Die Wahrheit ist jedoch, dass wir manchmal an unseren wichtigsten Aufgaben scheitern. Vielleicht liegt das daran, dass wir ein wenig traurig sind. Oder vielleicht haben wir Angst und haben nicht die Energie oder den Mut, die Aufgabe sofort in Angriff zu nehmen. Infolgedessen schieben wir sie auf. Und je mehr wir sie aufschieben, desto schwieriger wird es, zu ihr zurückzukehren. Wenn man der Situation noch negative Selbstgespräche hinzufügt, fühlt man sich am Ende vielleicht schuldig, ist wütend auf sich selbst oder sogar deprimiert.

Um diese Falle zu vermeiden, empfehle ich dir, „klug zu prokrastinieren". Damit meine ich, dass du, wenn du dich in einem negativen, emotionalen Zustand befindest, an einer beliebigen Aufgabe arbeiten solltest, die dir zu Fortschritten verhilft, anstatt zu versuchen, dein größtes Hindernis zu überwinden. Es geht darum, kleine Aufgaben abzuschließen, die einem helfen, Schwung aufzubauen. Diese Aufgaben sollten wie folgt sein:

- **Überschaubar:** Aufgaben, die du mit deinem derzeitigen Motivationsniveau erledigen kannst. Je weniger motiviert du dich fühlst, desto kleiner und leichter müssen die Aufgaben sein.
- **Momentum aufbauend:** Aufgaben, von denen du glaubst, dass sie dir beim Eintritt in den Flow helfen und dich auf größere Herausforderungen vorbereiten.
- **Freudig:** Aufgaben, die an sich freudig sind oder die dich motivieren, weil sie mit einer aufregenden Vision verbunden sind.

Das Wichtigste ist, dass du *aktiv wirst*. Handeln schafft Schwung und wenn du dich in Bewegung setzt, fällt es dir leichter, in Bewegung zu bleiben. Ich könnte zum Beispiel bei einer Schreibblockade auf meinen Computerbildschirm starren oder ich könnte etwas tun, das zu meinem Ziel, ein erfolgreicher Schriftsteller zu sein, beiträgt. Ich könnte z.B. ein Buch über ein ähnliches Thema lesen, die Teile des Manuskripts, die ich bereits geschrieben habe, überarbeiten, usw. Es ist wohl unnötig zu sagen, dass meine Motivation durch das Anstarren meines Computerbildschirms wohl nicht gefördert werden würde.

In ähnlicher Weise ermutige ich dich, den Weg des geringsten Widerstandes zu suchen, wenn du an deiner wichtigsten Aufgabe arbeiten musst. Ich persönlich bemühe mich immer, auf irgendeine Weise voranzukommen. Ich nenne diesen Prozess „vorwärts prokrastinieren". Tatsächlich ist es besser, etwas zu tun, das dich deinen Zielen ein bisschen näherbringt, als gar nichts zu tun.

Der Punkt ist: Wir alle zögern von Zeit zu Zeit. Manche Menschen prokrastinieren klug, indem sie sich auf jede erdenkliche Weise auf ihre Ziele zubewegen. Andere versuchen zu entkommen, indem sie Aktivitäten durchführen, die nichts mit ihren Zielen zu tun haben. Wieder andere grübeln einfach nur. Bitte beachte: Je weniger du handelst, desto mehr steckst du fest und desto schwieriger wird es, aus diesem Trott herauszukommen. Wie Martin Luther King Jr. sagte: *„Wenn du nicht fliegen kannst, dann renne, wenn du nicht rennen kannst,* *dann gehe, wenn du nicht gehen kannst, dann krieche, aber was auch immer du tust, du musst dich vorwärtsbewegen."*

Ganz gleich, wo du in deinem Leben stehst, du kannst immer kleine Schritte in die richtige Richtung machen. Diese winzigen Schritte mögen nicht viel erscheinen, aber der Schwung, den du durch sie aufbaust, kann sich als unschätzbar wertvoll erweisen.

Übung: Klug prokrastinieren

Schreibe in deinem Aktionshandbuch alle kleinen Handlungen auf, die du jetzt tun könntest. Nutze Aktivitäten, die dir Spaß machen oder zumindest Aktivitäten, die dich in die richtige Richtung bringen. Wähle jetzt eine Handlung aus und beschließe, sie jetzt zu tun oder, wenn du sie jetzt nicht ausführen kannst, sie später am Tag zu erledigen. Aber erledige sie!

E. Tieftauchen

Gibt es ein Projekt, an dem du schon eine Weile arbeitest, welches du aber noch nicht abgeschlossen hast? Wie wir bereits gesehen haben, ist es wichtig, offene Loops zu schließen, um dir dabei zu helfen, Schwung zu gewinnen. Wenn du ein großes Projekt hast, über das du ständig nachdenken musst (oder von dem du sogar Albträume hast), ist es vielleicht an der Zeit, es abzuschließen. Das nenne ich „Tieftauchen".

Manchmal kann es sehr wirksam sein, sich intensiv auf etwas zu konzentrieren, bis es fertig ist. Es kann belebend sein und dir ermöglichen, mehr Aufgaben von deiner Liste wegzustreichen, oder dir sogar dabei helfen, schneller eine neue Fertigkeit zu erlernen.

Ich persönlich konzentriere mich gerne auf nur eine Handvoll Projekte und schließe jedes einzelne ab, bevor ich zum nächsten übergehe. Wenn ich zum Beispiel eine Fremdsprache lernen wollte, würde ich wahrscheinlich ein paar Monate intensiv lernen, anstatt jahrelang jeden Tag ein paar Übungen hier und da zu machen. Dasselbe gilt auch für andere Fähigkeiten, die ich mir aneignen möchte.

Was ist mit dir? Wenn du dich für einen kurzen Zeitraum auf ein einziges Projekt konzentrieren würdest, welches würde es dir ermöglichen, den größten Schwung aufzubauen und dich besser zu fühlen? Wenn du dich in der nächsten Woche nur auf eine Sache konzentrieren könntest, welche wäre das dann?

Wenn man sich in ein Projekt vertieft und es abschließt, entfernt man es von seiner gedanklichen „To-Do-Liste" und schafft Raum für etwas Neues. Als positiver Nebeneffekt erhöhst du die Chancen, in einen Flow-Zustand zu kommen, der dich sogar noch weiterbringen kann.

Übung: Tieftauchen

Identifiziere mithilfe deines Aktionshandbuches eines der Projekte, die du begonnen hast, aber noch nicht abgeschlossen hast. Gib dir dann einen kurzen Zeitraum, um dich darauf zu konzentrieren und es bis zum 100%igen Abschluss durchzuziehen. Na los, du kannst es schaffen und du wirst dich großartig dabei fühlen!

TEIL III

SCHWUNG BEIBEHALTEN

Inzwischen solltest du ein viel größeres Verständnis dafür haben, was du tun kannst, um Schwung in die Sache zu bringen und dich selbst zu befreien, wenn du feststeckst. Hoffentlich hast du bereits etwas unternommen und Fortschritte gemacht. Ich hoffe sehr, dass du dich motivierter fühlst als zu Beginn dieses Buches.

Wenn du einmal den Ball ins Rollen gebracht hast, geht es in der nächsten Phase darum, die Gewohnheiten einzuführen, die es dir ermöglichen, diese Dynamik langfristig zu erhalten. Viele Menschen können zu Beginn eines neuen Projekts einen Zustand von Begeisterung erleben, aber leider können es nur wenige lange genug aufrechterhalten, um die angestrebten Ergebnisse auch zu erreichen.

In diesem Teil werden wir im Detail erörtern, was du tun kannst, um die Dynamik langfristig aufrechtzuerhalten.

Zunächst lernst du, wie wichtig es ist, dich selbst und deine Leistungen konsequent anzuerkennen, um deine Motivation aufrechtzuerhalten oder sogar zu steigern. Du wirst spezifische Übungen entdecken, mit denen du dein Selbstwertgefühl stärken kannst. Du wirst auch in das Konzept des „richtigen Handelns" eingeführt, damit du positive Verstärkung schaffen kannst.

Zweitens wirst du lernen, wie wichtig Verpflichtungen sind und wie du sie nutzen kannst, um deine Ziele langfristig zu erreichen. Du wirst auch sehen, wie einfache tägliche Handlungen, die du über einen längeren Zeitraum wiederholst, dein Leben radikal verändern können.

Drittens und letztens wirst du entdecken, wie du Wertschätzung nutzen kannst, um deine Motivation und dein Selbstwertgefühl noch weiter zu steigern.

Lass uns anfangen.

1. ANERKENNEN

Nimmst du dir jeden Tag Zeit, um deine Leistungen anzuerkennen? Schätzt du all die Dinge, die du in deinem Leben bereits erreicht hast?

Um Motivation aufzubauen, musst du dich selbst und all die wunderbaren Dinge, die du getan hast und weiterhin tust, anerkennen. Je mehr du dich selbst als Erfolg wahrnimmst, desto besser wirst du dich fühlen und desto wahrscheinlicher ist es, dass du noch mehr Großartiges erreichst und in deinem Leben vorankommst. Wenn du stolz auf dich selbst bist, wirst du das Selbstvertrauen und die Motivation entwickeln, die du für deinen Fortschritt brauchst. Doch wie oft geben sich Menschen die Schuld für ihre Unzulänglichkeiten, anstatt sich auf ihre Stärken und Leistungen zu konzentrieren?

Die Wahrheit ist, dass es immer Menschen auf der Welt geben wird, die klüger, reicher oder hübscher sind als du. Es wird immer Menschen geben, die mehr erreichen als du. Und wenn du dich auf das konzentrierst, was dir fehlt, wirst du nie das Gefühl haben, dass du *genug* bist. Warum also nicht stattdessen auf all die Dinge konzentrieren, die gut für dich laufen?

Im vorhergehenden Teil haben wir erörtert, wie du durch Fertigstellung Dynamik aufbaust und dich dadurch kurzfristig besser fühlen kannst. Wenn du dir jedoch nicht die Zeit nimmst, deine Errungenschaften zu erfassen und anzuerkennen, werden sie bald vergessen sein und du wirst dich wie ein armer unzufriedener Hamster in seinem Laufrad wiederfinden, der ewig läuft, aber nie das Ende erreicht.

Anerkennung ist ein bewusster Prozess, bei dem du deine Errungenschaften in deinem Gedächtnis speicherst, damit du sie nach Belieben wieder abrufen kannst. Dazu gehört, dass du einige Sekunden innehältst, um geistige Bilder von positiven Momenten deines Lebens festzuhalten, so ähnlich wie bei „echten" Fotos. Wenn du dich dafür entscheidest, jede deiner Errungenschaften zu feiern, beginnst du mit dem Aufbau einer Bibliothek mit großartigen Erinnerungen, die als positive Verstärkung dienen.

Manche Menschen erkennen ihre Leistungen ganz selbstverständlich an, während andere sich nie die Zeit dafür nehmen. Glücklicherweise ist dies eine Fähigkeit, die man lernen kann. Einer meiner Freunde ist sehr begabt darin, Dankbarkeit für all die kleinen Dinge im Leben auszudrücken. Wann immer ich mit ihm spreche, fühle ich mich am Ende immer viel besser. Er versäumt es nie, mir all die Dinge bewusst zu machen, die ich in meinem Leben bereits erreicht habe. Immer wenn ich mich mit ihm treffe, habe ich das Bedürfnis, mir selbst mehr Anerkennung zu zollen.

Das Fazit lautet: Du hast die Wahl, deine Leistungen entweder als keine große Sache zu betrachten oder sie anzuerkennen. Weder das eine noch das andere ist an sich falsch, aber bei dem einen wirst du dich gut fühlen, während das andere dir das Gefühl gibt, dass nichts, was du jemals tust, eine große Rolle spielt.

Okay, nun lass uns sehen, was du tun kannst, um all die großartigen Dinge anzuerkennen, die du bisher in deinem Leben erreicht hast.

A. Erledige drei Aufgaben

Erkenne deine täglichen Leistungen an

Gehörst du zu den Menschen, die eine lange, tägliche To-Do-Liste erstellen, die sie nie bis zum Ende des Tages abarbeiten können? Wie fühlst du dich dabei? Hilft dir solch eine Liste, dich gut zu fühlen?

Allzu oft haben wir unrealistische Erwartungen an das, was wir erreichen können und wenn wir diese Erwartungen nicht erfüllen, haben wir das Gefühl, nicht gut genug zu sein. In Wahrheit hat das Gefühl, sich gut zu fühlen, jedoch viel mehr mit der Art und Weise zu tun, wie man sich selbst wahrnimmt, als mit der Realität. Man kann viel erreichen und trotzdem das Gefühl haben, dass man keine großen Fortschritte macht. Umgekehrt kannst du nur einige, wenige Aufgaben erledigen und dich am Ende des Tages wunderbar fühlen. Es hängt alles davon ab, wie du deine Leistungen betrachtest.

Anstatt eine lange To-Do-Liste zu erstellen, möchte ich dich ermutigen, nur drei Dinge auszuwählen, die du heute erreichen möchtest. Im Folgenden findest du ein paar Tipps, die dir helfen sollen, diese drei Aufgaben festzumachen:

a) Sie sollten *erreichbar* sein. Es geht darum, durch die kontinuierliche Erledigung von Aufgaben positive Verstärkung zu erzeugen. Wenn du kleine Gewinne anhäufst, wirst du dich motivierter fühlen und dein Selbstwertgefühl wird wachsen. Deshalb musst du darauf achten, dass du drei Aufgaben auswählst, von denen du weißt, dass du sie heute erledigen kannst.

b) Sie sollten *in deiner Kontrolle* liegen. Deine Aufgaben sollten so formuliert sein, dass du die Kontrolle über sie hast. Um dir ein Beispiel zu geben: Mein Ziel in diesem Jahr war es, acht Bücher zu schreiben und 10.000 Bücher zum vollen Preis zu verkaufen. Das erste Ziel liegt bei mir, während das zweite nur teilweise in meiner Kontrolle liegt. Das erste nenne ich ein „Prozessziel" und das zweite ein „Ergebnisziel". Beide Arten von Zielen sind wichtig, aber in diesem Fall wollen wir uns auf die Prozessziele konzentrieren, über die du die volle Kontrolle hast. Wenn du also deine drei täglichen Aufgaben notierst, stelle sicher, dass du sie so formulierst, dass du 100%ige Kontrolle über ihren Abschluss hast.

c) Deine Aufgaben sollten dich bei mindestens einem deiner

Hauptziele *voranbringen*. Sie sollten dir das Gefühl geben, wirklich etwas erreicht zu haben.

Auch hier ermutige ich dich, klein anzufangen. Es geht nicht darum, dich selbst fertigzumachen, weil du deine drei täglichen Aufgaben nicht erfüllt hast, sondern darum, sich die Gewohnheit anzueignen, kleine Siege anzusammeln. Entscheide dich in den nächsten zwei Wochen jeden Tag für drei Aufgaben, von denen du weißt, dass du sie im Laufe deines Tages erreichen kannst.

Dann erreiche sie konsequent.

Feiere deine kleinen Siege

Du solltest es dir zur Gewohnheit machen, deine täglichen Siege zu feiern. Mit drei kleinen Siegen pro Tag, wirst du im Laufe eines Jahres viele Siege angesammelt haben. Stell dir vor, wie viel besser du dich fühlen wirst. Nimm dir deshalb jedes Mal einen Moment Zeit zum Feiern, wenn du eine deiner drei täglichen Aufgaben abgeschlossen hast.

Der Prozess des Feierns kann so einfach sein, dass du die erledigte Aufgabe von deiner Liste streichst und zu dir selbst sagst: „Gut gemacht". Die wiederholte Anerkennung wird als positive Bestätigung dienen. Damit kannst du eine Gewohnheit entwickeln, deine eigenen Leistungen anzuerkennen, anstatt sie als keine große Sache abzutun.

Wenn du dich selbst belohnen willst, kannst du das tun, aber achte darauf, dass die Belohnung angemessen ist. Es muss keine große Belohnung sein, es sei denn, du hast etwas wirklich Bedeutsames erzielt.

Nimm dir am Ende des Tages auch einen Moment Zeit, um dir selbst zu bestätigen, dass du deine drei Aufgaben erfüllt hast. Was belohnt wird, wird wiederholt. Gönn dir etwas, sei es, indem du dir eine Folge deiner Lieblingsfernsehsendung ansiehst oder in deinem Lieblingsbuch liest.

Denke daran, klein anzufangen. Der Schlüssel liegt darin, kleine Gewinne anzusammeln, damit du an Momentum gewinnst. Kleine

Siege summieren sich und machen auf lange Sicht einen großen Unterschied aus. Ermutige dich, anstatt dich selbst fertigzumachen. Die Autorin und Gründerin des Hay House Publishing, Louise Hay, hat es so ausgedrückt: *„Du hast dich jahrelang selbst kritisiert und es hat nicht funktioniert. Versuche, dich selbst anzuerkennen und sieh, was passiert.“*

Übung: Feiere deine kleinen Siege

Schreibe drei Aufgaben auf, die du heute erledigen willst, führe sie durch und feiere deinen Erfolg. Wiederhole den Vorgang jeden Tag, bis er zur Gewohnheit wird.

B. Sei stolz auf dich

Wie oft nimmst du dir die Zeit, dir auf die Schulter zu klopfen und zu sagen: „Ich bin stolz auf dich.“?

Wenn es dir wie den meisten Menschen geht, dann wahrscheinlich nicht sehr oft. Es ist leider so, dass wir uns jedes Mal kritisieren, wenn wir etwas falsch machen, uns aber selten beglückwünschen, wenn wir etwas gut gemacht haben. Die Wahrheit ist, dass du die meisten Dinge am Tag richtig machst.

Menschen mit einem gesunden Selbstwertgefühl sind nicht unbedingt diejenigen, die in den Augen der Gesellschaft erfolgreich sind. Oft sind es normale Menschen, die ein normales Leben führen. Was sie von anderen unterscheidet, sind die Dinge, auf die sie sich konzentrieren und die Art und Weise, wie sie mit sich selbst sprechen. Sie konzentrieren ihre Aufmerksamkeit auf das, was sie gut machen und ermutigen sich ständig selbst. Sie verstehen, dass es normal ist, Fehler zu machen und sie erwarten nicht, die Dinge beim ersten Mal oder die ganze Zeit über richtig zu machen. Sie wissen, dass sie sich mit der Zeit verbessern werden. Wenn sie nicht wissen, wie sie etwas tun sollen, schämen sie sich nicht, um Hilfe zu bitten.

Auf der anderen Seite leben Menschen, die sich unzulänglich fühlen, oft in der Angst, enttarnt zu werden. Sie konzentrieren sich darauf, was sie falsch machen und haben Angst, dass man sie für „Betrüger“ hält. Infolgedessen bitten sie nicht gerne um Hilfe, weil sie glauben, dass sie alles wissen sollten. Und wenn sie einmal nicht alles wissen, nehmen sie an, dass etwas mit ihnen nicht stimmt.

In Wahrheit ist es so, dass die meisten von uns in vielen Dingen schlecht sind. Vielleicht sind wir schlecht im Kochen, Autofahren oder Reden halten. Das heißt aber nicht, dass wir nicht stolz auf uns sein können. Und es bedeutet gewiss nicht, dass wir es vermeiden sollten, um Hilfe zu bitten. Es ist besser zuzugeben, dass wir nicht wissen, wie wir etwas tun sollen, als unsere Inkompetenz zu verbergen und im Stillen wochen- oder monatelang darunter zu leiden.

Um dein Selbstwertgefühl zu stärken, ermutige ich dich, dir jeden Tag vor dem Schlafengehen die folgenden Fragen zu stellen:

- Was sind drei Dinge, auf die ich heute stolz bin?
- Wofür möchte ich mir heute Anerkennung schenken?

Deine Antworten müssen nicht etwas Großes sein. Es ist in der Tat besser, dir etwas Kleines und dafür Konkretes zu überlegen. Das wird dein Selbstwertgefühl effektiv verbessern. Hier einige Beispiele:

- Pünktlich aufgewacht
- *Hier deine Aufgabe einfügen* erfüllt
- Ein gesundes Frühstück gegessen
- Sport gemacht
- Zu mir selbst freundlich gewesen (anstatt mich fertigzumachen)
- Etwas Lehrreiches gelesen
- Jemandem eine Tat der Freundlichkeit erwiesen

Worauf bist du heute stolz? Sage dir selbst von Zeit zu Zeit: „Ich bin stolz auf dich". Es kostet nichts und du hast es wirklich verdient.

Übung: Sei stolz auf dich

Finde etwas, worauf du stolz bist und bekenne dich jetzt gleich dazu. Sage dir selbst: „Ich bin stolz auf mich, weil ich *einfügen, was dich stolz macht*."

Denke dann, bevor du zu Bett gehst, an drei Dinge, die du heute getan hast und auf die du stolz bist.

C. Richtige Handlung vs. richtiges Ergebnis

Feierst du oft deine Ergebnisse? Wunderbar!

Was passiert nun aber, wenn du es immer wieder versuchst, aber nie die Ergebnisse erzielst, die du anstrebst? Dann fühlst du dich wahrscheinlich schlecht.

Die Wahrheit ist, dass wir nicht immer die Ergebnisse erzielen können, die wir uns wünschen.

Manchmal machen wir alles richtig, aber aufgrund von Umständen, auf die wir keinen Einfluss haben, erreichen wir nicht die Ergebnisse, die wir uns erhofft haben. Auf der anderen Seite erreichen wir manchmal gute Ergebnisse, während wir Dinge falsch machen.

Nehmen wir zum Beispiel an, du bist im Verkauf tätig und musst wahllose Leute anrufen. Du befolgst das Skript, machst alles richtig und wirst dennoch abgelehnt. Nun rufst du einen anderen Interessenten an, machst einen Fehler, verkaufst aber einen Vertrag. Zeit zum Feiern, nicht wahr? Oder doch nicht?

Tatsächlich glaube ich, dass es sinnvoller ist, sich selbst dafür zu belohnen, dass man beim ersten Anruf die richtigen Dinge getan hat, als dafür, dass man beim zweiten Anruf alles falsch gemacht hat. Denn das richtige Handeln ist entscheidend für das Erreichen deiner Ziele.

Also, was ist eine „richtige Handlung"? Eine richtige Handlung ist eine Handlung, über die du 100%ige Kontrolle hast und die, wenn sie wiederholt wird, zum gewünschten Ergebnis führt. Du kannst zwar nicht sicher sein, dass du die gewünschten Ergebnisse erzielst, aber du kannst immer die richtige Handlung wählen. Und du kannst diese Handlung unabhängig von externen Faktoren wiederholen. Betrachte sie als deine effektivste Handlung.

Dich für die richtigen Handlungen belohnen

Du solltest dich für deine Handlungen belohnen, nicht für die

Ergebnisse, die du erzielst. Je mehr du dich dafür belohnst, den wirksamsten Maßnahmen nachgegangen zu sein, desto motivierter bist du, in Zukunft die gleichen Handlungen durchzuführen.

Lass mich ein weiteres Beispiel nennen, das sich auf das vorhergehende bezieht. Stell dir vor, du hast absolute Angst davor, wahllos Menschen anzurufen. Du kannst jetzt entweder Druck auf dich selbst ausüben, in der Hoffnung, dass der Anruf gut verläuft oder du kannst dich darauf konzentrieren, die richtigen Maßnahmen zu ergreifen: den Hörer abnehmen und eine Nummer wählen. Einen Verkauf zu tätigen ist an diesem Punkt weitestgehend irrelevant, denn wenn du dich nicht zwingen kannst, den Anruf zu tätigen, dann kannst du von Vornherein auch keinen Umsatz erzielen.

Nehmen wir an, du hast Angst vor öffentlichen Reden. Was wäre die richtige Handlung für dich? Vielleicht wäre es, vor ein paar Leuten zu stehen und einige Worte zu sagen. Oder du könntest ein Video aufnehmen oder ein Facebook-Live hosten.

Auch hier willst du Dynamik aufbauen. Und die richtigen Maßnahmen für dich zu ergreifen, ist alles, was du tun musst. Wenn du das wiederholt tust und dich dazu beglückwünschst, wirst du dich motiviert fühlen, weiterzumachen.

Denke daran, etwas außerhalb deiner Komfortzone zu tun, ist ein gewaltiger Schritt nach vorn und oft der Beginn von etwas Aufregendem. Bestrafe dich niemals dafür, dass du etwas Unangenehmes oder Beängstigendes tust, selbst wenn das Ergebnis eine Katastrophe ist. Wann immer du dich selbst herausforderst, gehst du den richtigen Weg, unabhängig davon, was andere sagen könnten. Ermutige dich also selbst, denn du hast es wirklich verdient.

Wenn du die richtigen Handlungen unternimmst und die Ergebnisse vorerst vergisst, wirst du überrascht sein, wie viel Schwung du erzeugen kannst. Nachstehend findest du einige, zusätzliche Beispiele für richtige Handlungen. Beachte, dass eine richtige Handlung immer etwas ist, worüber du die komplette Kontrolle hast.

Verabredungen:

Richtiges Handeln: Sprich mit einer Person, frage nach ihrer Telefonnummer oder stelle Augenkontakt her.

Richtiges Ergebnis (aber falscher Fokus): Führe ein tolles Gespräch, besorge dir die Telefonnummer der Person oder versuche, sie dazu zu bringen, dich zu mögen.

Kaltakquise:

Richtiges Handeln: Das Skript lernen und entsprechend üben, zum Telefon greifen und eine Nummer anrufen.

Richtiges Ergebnis (aber falscher Fokus): Verkaufen.

Diät und Bewegung:

Richtiges Handeln: Wähle einen Ernährungsplan und halte dich daran. Treibe regelmäßig Sport.

Richtiges Ergebnis (aber falscher Fokus): Gewicht verlieren.

Übung: Identifiziere die richtige Handlung

Schau dir die Ziele an, die du in verschiedenen Bereichen deines Lebens erreichen willst. Identifiziere die richtige(n) Handlung(en) für jeden dieser Bereiche. Was sind die wenigen, wirksamsten Dinge, die du immer wieder tun kannst, damit du im Laufe der Zeit an Schwung gewinnst und schließlich deine Ziele erreichst?

2. VERPFLICHTEN

A. Suche nach externer Rechenschaftspflicht

Menschen sind in der Lage, unglaubliche Leistungen zu vollbringen, aber oft scheitern sie daran, wenn sie sich nicht in der richtigen Umgebung mit den richtigen Anreizen befinden. Wenn sie auf sich allein gestellt sind, werden viele selbstzufrieden oder beginnen, an sich selbst zu zweifeln.

Warum gehen die meisten Menschen jeden Tag zur Arbeit, anstatt auszuschlafen und sich auszuruhen? Weil sie, wenn sie nicht arbeiten, mit negativen Folgen rechnen müssen, wie dem Verlust ihres Arbeitsplatzes und der Unfähigkeit, ihre Familie zu ernähren. Kurz gesagt, wenn man einen Job hat, baut sich automatisch eine starke Verantwortlichkeit auf. Du musst zur Arbeit gehen, weil andere Menschen sich auf dich verlassen (oder weil du einen Vertrag unterzeichnet hast, der dich dazu zwingt).

Rechenschaftspflicht ist eine der effektivsten Methoden, um seine Ziele zu erreichen. Sie fördert das Handeln und hilft, Momentum aufzubauen. Die meisten von uns neigen dazu, unterdurchschnittliche Leistungen zu erbringen, wenn es niemanden gibt, der etwas von uns erwartet. Wie viele Schriftsteller würden ihre

Bücher fertigstellen, wenn sie keine Frist hätten? Wie viele Studenten würden ihre Abschlussarbeiten fertigschreiben? Die Wahrheit ist, dass die meisten Dinge auf dieser Welt ohne Druck von außen nie zu Ende gebracht werden könnten.

Daher glaube ich, dass die Einführung eines Systems der Rechenschaftspflicht für den Erfolg unerlässlich ist. Ein solches System kann formell oder informell sein. Einige Beispiele dafür sind:

- Eine öffentliche Verpflichtung, mit dem Rauchen aufzuhören
- Eine strenge Frist von deinem Chef
- Eine Prüfung
- Eine 30-tägige Herausforderung jeglicher Art
- Ein spezifisches Ziel, das du gemeinsam mit deinem Coach festlegst
- Regelmäßige Treffen mit einem Partner, gegenüber dem du Rechenschaft ablegen musst

Beachte nun, dass Systeme zur Rechenschaftspflicht entweder dir auferlegt oder von dir selbst geschaffen werden können. Ich persönlich, als jemand, der gerne unabhängig ist, finde es viel effektiver und angenehmer, meine eigenen Systeme dafür zu schaffen.

Beispiele für Rechenschaftspflichten, die dir auferlegt werden:

- Die Notwendigkeit, jeden Tag einer Arbeit nachzugehen, die du hasst, weil du sonst gefeuert wirst
- Von deinem Arzt aufgefordert werden, mit dem Rauchen aufzuhören
- Von deinem Ehepartner gesagt bekommen, was du tun und was du nicht tun sollst

Beispiele für Rechenschaftspflichten, die du dir selbst auferlegst:

- Setze deine eigenen Ziele und mache sie öffentlich

- Entscheide dich dafür, einmal pro Woche mit einem Rechenschaftspflicht-Partner zu sprechen
- Nimm eine 30-tägige Herausforderung an, die du dir selbst stellst
- Lege deine eigene Frist für deine Projekte fest

Wenn du dein System der Rechenschaftspflicht nicht selbst festlegst, werden das Menschen in deiner Umgebung für dich tun. Und weißt du was? Wahrscheinlich gefällt dir ihr System nicht. Wie das Sprichwort sagt: „Wenn du dir keine eigenen Ziele setzt, wirst du dein Leben damit verbringen, die Ziele anderer Menschen zu verwirklichen." Das Fazit ist: Es gibt keine Nicht-Verantwortlichkeit. Wenn du dein Leben nicht selbst in die Hand nimmst, wird es ein anderer tun und das ist wahrscheinlich nicht in deinem Interesse. Deshalb möchte ich dich ermutigen, die Macht der Rechenschaftspflicht zu nutzen, um dir dabei zu helfen, Momentum zu gewinnen und dich auf das Leben zuzubewegen, das *du* dir wünschst.

Wie du Rechenschaftspflicht schaffst

Eine Sache, die du verstehen musst, wenn du Rechenschaftspflicht schaffst, ist, dass das System der Rechenschaftspflicht umso stärker sein muss, je weniger diszipliniert du bist. Während es für einige ausreichen mag, ihre Ziele aufzuschreiben, brauchen die meisten von uns eine stärkere Form der Rechenschaftspflicht. Das könnte zum Beispiel darin bestehen, dass wir unsere Ziele mit einem Partner, bei dem wir Rechenschaft ablegen müssen, teilen oder Verpflichtungen mit strengen Zeitfristen eingehen. Selbst die diszipliniertesten Menschen nutzen die Rechenschaftspflicht, um ihr Bestes zu geben. Du bist also nicht davon ausgenommen.

In diesem Jahr habe ich unter anderem folgende Rechenschaftspflichten geschaffen:

- Ich habe eine Liste meiner Ziele an meine Abonnenten verschickt

- Ich habe mich für die Anzahl der Bücher entschieden, die ich schreiben und veröffentlichen will
- Ich habe meinem Herausgeber mitgeteilt, wann ich ihm meine Bücher schicken werde

Das hat für mich gut funktioniert, aber ich hätte von einer zusätzlichen Rechenschaftspflicht profitieren können, wenn ich zum Beispiel einen Partner für die Rechenschaftspflicht gehabt hätte.

Was ist mit dir? Wer zählt auf dich? Welche Folgen hat es für das Leben anderer Menschen, wenn du nicht vorankommst? Ohne Konsequenzen wird es für dich schwieriger sein, motiviert zu bleiben.

Um ein Verantwortlichkeitssystem aufzubauen, das für dich funktioniert, beantworte die folgenden Fragen:

- Wer ist auf dich angewiesen? Wer wird unter den Folgen leiden, wenn du deine Arbeit nicht ausführst?
- Wem gegenüber bist du Rechenschaft schuldig? Wer wird dich mahnen, wenn du scheiterst und wer kann dir helfen, wieder auf die Beine zu kommen?
- Welche Art von System zur Rechenschaftspflicht würde für dich funktionieren? Musst du sanft ermutigt oder hart angetrieben werden?
- Wie wirst du deine Fortschritte kommunizieren? Per E-Mail? Per Telefon? Von Angesicht zu Angesicht? Und wem wirst du sie mitteilen?
- Was werden die Konsequenzen sein, wenn du deine Verpflichtungen nicht einhältst?

Wenn du mit einem Partner zusammenarbeiten möchtest, damit ihr euch gegenseitig unterstützen könnt, empfehle ich dir, die Checkliste für Rechenschaftspflichtpartner in deinem Aktionshandbuch durchzugehen.

Übung: Rechenschaftspflicht schaffen

Schreibe mithilfe deines Aktionshandbuches eine Sache auf, die du tun kannst, um Rechenschaftspflicht zu schaffen.

B. Erschaffe ein Morgenritual

Was machst du als erstes am Morgen? Die meisten Menschen tun nichts anderes, als auf ihren Tag zu reagieren, anstatt ihn aktiv zu gestalten. Das führt dazu, dass sich diese Menschen am Ende machtlos und unmotiviert fühlen.

Du kannst zwar nicht immer jedes Ereignis deines Tages kontrollieren, aber du kannst dich dafür entscheiden, deinen Tag mit positiven Gewohnheiten zu beginnen. Und wenn du das tust, wirst du einen Motivationsschub erfahren, der dir im Laufe des Tages zugutekommen wird. Ein speziell gestaltetes Morgenritual ist eine gute Möglichkeit, mehr Positivität in dein Leben zu bringen. Tatsächlich hat mir mein Morgenritual geholfen, eine dauerhafte Motivation aufzubauen. In meinem Buch *Wake Up Call* stelle ich neun Schritte vor, die dir helfen sollen, ein Morgenritual zu entwickeln. Ein gutes Morgenritual unterstützt dich dabei, deine Ziele zu erreichen. Hier fasse ich die neun Schritte zusammen:

1. **Kläre dein „Warum":** Achte darauf, dass du ein klares Ziel vor Augen hast, wenn du dein Morgenritual gestaltest. Vielleicht möchtest du zum Beispiel eine bestimmte Emotion erleben oder dich auf ein bestimmtes Projekt konzentrieren, für das du dich begeisterst.

2. **Begeistere dich für dein Morgenritual:** Dazu könnte dein Lieblingskaffee, dein Lieblingsbuch oder wertvolle Zeit mit deiner Familie gehören.

3. **Erkenne Hindernisse an und bereite dich mental auf sie vor:** Achte auf mögliche Hürden, auf die du bei der Umsetzung deines Morgenrituals stoßen könntest. Wenn du es in der Vergangenheit schon einmal versäumt hast, ein Morgenritual langfristig durchzuführen, frage dich, warum.

4. **Wähle die Komponenten deines Morgenrituals aus:** Für ein ausgewogenes Morgenritual wähle Aktivitäten aus, die Körper, Geist

und Seele nähren. Versuche es zum Beispiel mit Training (Körper), Meditation (Geist) und Tagebuchführung (Seele).

5. Entscheide, wie viel Zeit dir zur Verfügung steht: Es können nur zehn Minuten oder eine Stunde sein, aber du musst konsequent sein.

6. Beseitigung von Hindernissen und Ablenkungen: Bereite schon am vorigen Abend alles vor, was du für den nächsten Morgen brauchst und führe dein Morgenritual gleich nach dem Aufwachen durch, um Prokrastination und Ablenkung zu vermeiden.

7. Stelle dich auf Erfolg ein: Sorge dafür, dass du genügend Schlaf bekommst. Gestalte bei Bedarf auch ein Abendritual. Wann immer möglich, gehe jeden Abend zur gleichen Zeit zu Bett. Du kannst deine Absichten auch am Abend festlegen, indem du die Aufgaben visualisierst, an denen du am nächsten Tag arbeiten willst.

8. Verpflichte dich zu 100%: Verpflichte dich zu deinem Morgenritual. Sei dabei nicht leichtfertig.

9. Nimm die 30-Tage-Herausforderung an: Um dich stärker zu verpflichten, führe dein Morgenritual mindestens dreißig Tage lang durch.

Wenn du mehr darüber erfahren möchtest, wie du ein aufregendes Morgenritual gestalten kannst, lies mein Buch *Wake Up Call: How to Take Control of Your Morning and Transform Your Life*.

Übung: Erschaffe ein Morgenritual

Erstelle mithilfe deines Aktionshandbuches dein eigenes, maßgeschneidertes Morgenritual und verpflichte dich zu einer 30-Tage-Herausforderung (mehr dazu findest du im kommenden Abschnitt *Dich zu einer 30-Tage-Challenge verpflichten*).

C. Lebe mit einer Absicht

Warum Handeln nach einer Absicht so wichtig ist

Die meisten Menschen reagieren auf das Leben, anstatt die Kontrolle über ihr Schicksal zu übernehmen. Es beginnt am Morgen, wenn sie die Schlummertaste drücken. Dann geht es den ganzen Tag weiter.

Diese Menschen erlauben anderen Menschen, sie zu unterbrechen, weil sie keine bestimmte Absicht verfolgen. Sie kommen bei wichtigen Aufgaben oder Projekten nicht voran, weil sie keine klaren Ziele für das kommende Jahr, den Monat, die Woche oder den Tag setzen. Sie können zu anderen Menschen nicht Nein sagen, weil ihre eigenen Werte und Prioritäten unklar sind und sie sie nicht ernst genug nehmen. Kurzum, sie schlendern einfach durch ihren Tag. Und während sie anderen Menschen dabei helfen, deren Ziele zu erreichen, vernachlässigen sie ihre eigenen Ziele und Träume. Infolgedessen erbringen diese Menschen Leistungen, die weit unter ihren wahren Fähigkeiten liegen.

Kurz gesagt, diese Menschen leben ohne *Absicht*.

Absicht ist Bewusstsein in Aktion. Es ist die Entscheidung, die unendlichen Möglichkeiten, die das Leben bietet, in die Richtung zu lenken, die dich am meisten reizt. Je weniger Absicht du hast, desto weniger Macht hast du, dein Leben zu verändern. Umgekehrt gilt: Je mehr Absicht du hast, desto mächtiger wirst du. Um Motivation zu erzeugen, musst du daher die Kraft der Absicht nutzen. Du musst entscheiden, wie du dich morgens fühlst, was du tagsüber erreichen und welche Emotionen du mit deiner Familie erleben willst (z.B.: Freude, Dankbarkeit, Verspieltheit, etc.). Je konkreter deine Absicht ist, desto größer sind deine Erfolgschancen.

Übung: Lege tägliche Absichten fest

Um eine Absicht festzulegen, musst du zunächst die wichtigsten Abschnitte deines Tages identifizieren. Ob du dir dessen bewusst bist oder nicht, dein Tag besteht aus vielen verschiedenen Abschnitten. Für die meisten Menschen gehören diese Segmente dazu:

- Aufwachen
- Das Haus verlassen, um zur Arbeit zu gehen
- Bei der Arbeit ankommen
- Eine Mittagspause einlegen
- Nach Hause gehen
- Ins Bett gehen

Wenn es dir wie den meisten Menschen geht, dann wechselst du wahrscheinlich gedankenlos von einem Segment zum anderen und behältst dabei die gleiche Stimmung und Denkweise bei. Wenn du zum Beispiel wütend oder verärgert bist, wirst du wahrscheinlich die gleiche Stimmung mit in den nächsten Abschnitt nehmen. Doch anstatt deine Stimmung von einem zum nächsten Abschnitt herumzutragen, lade ich dich ein, zu entscheiden, wie du dich während deines Tages fühlen willst. Um dich nicht zu überfordern, werden wir uns bei dieser Übung nur auf ein oder zwei Abschnitte deines Tages konzentrieren.

- Schreibe zunächst die wichtigsten Abschnitte deines Tages auf.
- Wähle dann den/die Abschnitt(e) aus, in dem/denen du dich anders fühlen möchtest. Vielleicht möchtest du dich zum Beispiel glücklich und präsent fühlen, wenn du nach Hause kommst und Zeit mit deiner Familie verbringst. Vielleicht möchtest du dich dankbar fühlen, wenn du aufwachst. Vielleicht möchtest du dich motiviert fühlen, wenn du zur Arbeit gehst.
- Setze einen bestimmten Auslöser für deine Absicht. Was könnte der Auslöser sein, der dich daran erinnert, deine Einstellung zu ändern? Normalerweise ist dies ziemlich einfach. In den vorhergehenden Beispielen ist es das Aufwachen selbst, die Ankunft zu Hause oder die Ankunft bei der Arbeit. Du kannst diese Auslöser jedoch noch spezifischer machen. Dein Auslöser kann zum Beispiel das Parken deines Autos vor deinem Haus sein.
- Entscheide, was du tun wirst, um deinen bestehenden emotionalen Zustand zu ändern. Schließlich ist es wichtig, dass du eine Art Ritual schaffst, bevor du in diesen speziellen Abschnitt deines Tages gehst. Anstatt nahtlos von einem Tagesabschnitt zum nächsten überzugehen, solltest du in der Tat eine Pause einlegen. Du musst einen Puffer schaffen, damit du Raum hast, deinen emotionalen Zustand bei Bedarf zu verändern. Eine gute Möglichkeit dafür, besteht darin, tief durchzuatmen und deinen Körper zu entspannen.

Dann kannst du deine Absicht für den nächsten Abschnitt deines Tages festlegen.

- Erinnere dich selbst an deinen täglichen Absichten. Beispielsweise kannst du kleine Zettel in deinem Haus oder in deinem Auto verteilen. Oder du kannst ein Blatt Papier auf deinen Schreibtisch legen. *Präsent* zu sein ist anfangs nicht einfach und diese Erinnerungen können dir dabei helfen.

Beispiele:

Aufwachen: Beginne deinen Tag mit einem Lächeln und stehe sofort aus dem Bett auf.

Denke an drei Dinge, für die du in deinem Leben dankbar bist.

Auf der Arbeit ankommen: Höre dir auf dem Weg zur Arbeit arbeitsbezogene Hörbücher an.

Wähle, wie du dich fühlen möchtest, wenn du an deinen Arbeitsplatz ankommst, den Aufzug betrittst, usw.

Mittagessen: Atme ein paar Mal tief durch und lege eine Absicht für deine Mittagspause fest. Du könntest zum Beispiel sicherstellen, dass du positiv denkst und dich nicht beschwerst. Wäre es nicht wunderbar, das Beste aus deiner Mittagspause zu machen und eine tolle Zeit zu haben?

Nach Hause kommen: Atme, unmittelbar nachdem du dein Auto geparkt hast, ein paar Mal tief durch und erlaube dir, alles loszulassen, was während des Tages geschehen ist. Dann setze dir die Absicht, voll präsent und glücklich zu sein, wenn du deine Familie begrüßt.

Es gibt eine endlose Liste von Dingen, die du den ganzen Tag über tun kannst. Letztendlich liegt es an dir, deinen Tag so zu gestalten, dass er dir die meiste Freude und Erfüllung bringt, während du gleichzeitig deinen Stress abbaust.

Du musst tagsüber nicht mechanisch reagieren. Du kannst zu jeder Zeit eine bestimmte Absicht festlegen. Mit der Zeit hat diese scheinbar unbedeutende Absicht die Macht, einen großen Einfluss auf dein Leben zu nehmen.

D. Dich zu einer 30-Tage-Challenge verpflichten

Was würde den größten Einfluss auf dein Leben haben, wenn du dich dreißig Tage lang jeden Tag dazu verpflichten würdest? Dabei kann es sich um eine neue Angewohnheit handeln oder eine Angewohnheit, die du ablegen möchtest.

Eine 30-tägige Herausforderung ist eine gute Möglichkeit, dich selbst in Bewegung zu bringen. Sie ist lang genug, um Ergebnisse zu sehen, und kurz genug, um machbar zu sein. Wenn du eine 30-Tage-Challenge durchziehst, baust du Momentum auf, steigerst deine Selbstdisziplin und gewinnst dadurch mehr Vertrauen in dich selbst.

Wie man eine 30-Tage-Challenge erfolgreich durchführt

Beantworte die folgenden Fragen.

a) Was würde den größten Einfluss auf mein Leben haben, wenn ich mich verpflichten würde, es täglich dreißig Tage lang durchzuführen?

Um diese Frage zu beantworten, solltest du die folgenden Aspekte berücksichtigen:

- **Emotionen:** Was möchtest du in den nächsten dreißig Tagen ändern? Gibt es etwas, bei dem du eine Veränderung herbeiführen willst, nicht nur weil es rational sinnvoll ist, sondern weil du emotional daran gebunden bist?
- **Momentum:** Wenn du eine Sache ändern würdest, welche würde die größte Dynamik in deinem Leben erzeugen? Um es anders auszudrücken: Was ist dein Engpass? Was hält dich am meisten zurück?

b) Zu was genau verpflichtest du dich für die nächsten dreißig Tage?

Jetzt, da du weißt, was du ändern willst, mache es konkret.

- Was genau willst du erreichen und was musst du jeden Tag

tun, um deine Herausforderung zu bewältigen? Stelle sicher, dass deine Herausforderung spezifisch ist, damit du deinen Erfolg messen kannst.

- Ist sie erreichbar? Wie zuversichtlich bist du auf einer Skala von 1 bis 10, dass du zumindest die erste Herausforderung relativ leicht meistern kannst, um ein Erfolgserlebnis zu haben. Die Idee ist, dir dabei zu helfen, im Laufe der Zeit an Schwung zu gewinnen, also fange klein an und bleibe konsequent.
- Begeistert es dich? Kurz gesagt, was ist die emotionale Komponente deines Ziels? Warum ist es wichtig für dich?

c) Wie wirst du für deine Herausforderung Rechenschaft ablegen?

Ohne Rechenschaftspflicht geraten die meisten Menschen aus der Bahn und können die Herausforderungen oder Ziele, zu denen sie sich verpflichtet haben, nicht erreichen.

Wer wird dich zur Rechenschaft ziehen?

Um an deiner Herausforderung bis zum Ende festzuhalten, brauchst du jemanden, der dich zur Verantwortung zieht und dich während der Herausforderung unterstützt. Wer wird diese Person sein?

Beachte dabei die folgenden Punkte:

- Vertraust du dieser Person?
- Ist diese Person bereit, dich zur Rechenschaft zu ziehen?
- Versteht diese Person, wie wichtig die Herausforderung für dich ist?

Wie wirst du mit dieser Person kommunizieren?

Beachte dabei die folgenden Punkte:

- Wie oft wirst du deine Fortschritte teilen? Täglich? Wöchentlich?
- Wie wirst du mit der Person kommunizieren? Per E-Mail? Per Telefon? Von Angesicht zu Angesicht?

- Wird diese Person dich bei Bedarf unterstützen? Wenn ja, wie?

d) Was wird geschehen, wenn du scheiterst?

Zur Rechenschaft gezogen zu werden bedeutet, dass es Konsequenzen gibt, wenn du die Challenge nicht durchziehst. Solche Konsequenzen könnten sein:

- Du hast ein schlechtes Gefühl, andere Menschen enttäuscht zu haben
- Du ärgerst dich über dich selbst, weil du nicht drangeblieben bist
- Du spendest als „Strafe" Geld für eine Sache, die du nicht ausstehen kannst

e) Wie wirst du dich selbst belohnen?

Weiter vorne im Buch haben wir gesehen, wie wichtig es ist, sich regelmäßig zu belohnen. Warte nicht bis zum Ende der Herausforderung, um dich selbst zu belohnen. Stelle sicher, dass du deine Fortschritte jeden einzelnen Tag anerkennst.

- Was wirst du jeden Tag tun, um deinen Erfolg anzuerkennen?
- Was wirst du jede Woche tun, um dich zu feiern?
- Wie wirst du dich am Ende der dreißig Tage belohnen?

Es besteht wirklich keine Notwendigkeit für irgendwelche ausgefallenen Belohnungen. Entscheide dich stattdessen für kleine, spezifische Belohnungen, auf die du dich wirklich freuen kannst.

Übung: Dich zu einer 30-Tage-Challenge verpflichten

Erstelle mit Hilfe deines Aktionshandbuches deine eigene 30-Tage-Challenge.

E. Ändere deine Selbstgespräche

Dein größter Feind bist du selbst. Du bist derjenige, der sich dir in den Weg stellt, indem du dich selbst sabotierst und dich selbst öfter als nötig kritisierst.

Die Wahrheit ist, dass wir in der Regel viel härter zu uns selbst sind als zu anderen. Stelle dir vor, du würdest mit deinem besten Freund so reden, wie du mit dir selbst sprichst. Was würde deiner Meinung nach passieren? Würde sich dein Freund geliebt und respektiert fühlen? Würde er gerne mit dir zusammen sein?

Deine Selbstgespräche sind die Art, wie du in Gedanken mit dir selbst sprichst. Es ist die Stimme in deinem Kopf, die dir sagt, wie dumm du bist, wenn du einen Fehler machst. Es ist die innere Stimme, die dir sagt, dass du etwas nicht tun kannst oder dass du nie etwas erreichen wirst.

Wenn du lernst, die Art und Weise, wie du mit dir selbst sprichst, zu ändern und mehr Mitgefühl mit dir selbst zu entwickeln, wird dein Leben leichter werden und du wirst aufhören, alles zu sabotieren, was du tust.

Der erste Schritt zur Veränderung deiner Gespräche mit dir selbst besteht darin, dir der Gespräche bewusst zu werden. Je mehr du diese kleine Stimme in deinem Kopf wahrnimmst, desto besser wirst du in der Lage sein, negative Selbstgespräche durch ermächtigende Selbstgespräche zu ersetzen. Sie werden dir dabei helfen, deine Ziele zu erreichen und du wirst dich besser fühlen. Ein Mythos der Selbstkritik ist, dass du nichts erreichen wirst, wenn du nicht hart mit dir selbst umgehst. Das funktioniert aber nicht. Sicher kann dir Selbstkritik helfen, mehr zu erreichen, aber dir selbst gegenüber freundlicher zu sein und dich selbst zu ermutigen, ist bei weitem wirksamer.

Denke daran, was großartige Trainer tun. Sie ermutigen ihre Schüler, an sich selbst zu glauben. Sie beleidigen ihre Schüler nicht, sondern inspirieren sie dazu, die beste Version ihrer selbst zu sein. Natürlich könnten die Trainer stattdessen schreien und diese Methode könnte sogar eine Zeit lang funktionieren. Aber würdest du dich als Sportschüler eher inspiriert fühlen, wenn du wüsstest, dass die Leute dich unterstützen, egal was passiert, oder würdest du lieber von Angst getrieben werden?

Der gleiche Mechanismus wirkt bei deinen Selbstgesprächen. Ich ermutige dich, dich selbst als deinen eigenen, besten Trainer zu sehen. Je besser du als Trainer wirst, desto bessere Ergebnisse wirst du erzielen. Unter anderem tut ein großartiger Trainer Folgendes:

- Er ermutigt seine Schüler
- Er stellt ermächtigende und nachdenkliche Fragen

Ich empfehle dir, dasselbe mit dir selbst zu tun.

Werde dir deines negativen Selbstgesprächs bewusst

Wie sprichst du also mit dir selbst und wie oft kritisierst du dich? Sagst du dir selbst, wie dumm du bist, wenn du einen Fehler machst oder zuckst du mit den Achseln und lachst darüber, weil du weißt, dass du es beim nächsten Mal besser machen wirst? Sagst du dir selbst, dass du etwas nicht tun kannst und gibst dann auf oder sagst du dir selbst: „Ich kann das!"?

Wie du mit dir selbst sprichst, wird zu einem großen Teil die Ergebnisse bestimmen, die du im Leben erzielst. Deshalb musst du dir all der Methoden bewusst werden, mit denen du dich kleiner machst, als du wirklich bist, und diese dann durch stärkere Methoden ersetzen.

Verbringe während der nächsten sieben Tage jeden Abend ein paar Minuten damit, aufzuschreiben, wie du dich tagsüber gefühlt hast. Stelle sicher, dass du dich an all die Situationen erinnerst, in denen du dich selbst respektlos behandelt oder entmutigt hast. Visualisiere die Szene und stelle dir vor, dass du stattdessen etwas Nettes sagst. Stell dir vor, du sprichst mit deinem besten Freund oder deinem Partner. Was würdest du zu ihnen sagen?

Diese Übung wird dir helfen, dir deiner Selbstgespräche bewusster zu werden.

Ändere deine Selbstgespräche

Viele der Worte, die du jetzt benutzt, schaffen künstliche Grenzen, die dich daran hindern, dein wahres Potenzial zu erreichen. Warum ersetzt du sie nicht durch kraftvollere Worte?

Im Folgenden findest du einige Beispiele für entmachtende Worte, die Menschen benutzen.

Das kann ich nicht:

- Ich kann das nicht tun
- Ich kann nicht abnehmen
- Ich kann nicht in der Öffentlichkeit reden
- Ich kann meinen Beruf nicht wechseln

Ich werde niemals + eine negative Aussage:

- Ich werde niemals Erfolg haben
- Ich werde meine Ziele niemals erreichen
- Ich werde niemals das Leben führen, das ich mir wünsche

Ich bin immer + eine negative Aussage:

- Ich bin immer spät dran
- Ich bin immer langweilig
- Ich bin immer derjenige, der nicht ... machen kann

Achte auch auf demotivierende Fragen, denn sie laden automatisch zu schlechten oder negativen Antworten ein. Denke daran, dass dein Verstand immer eine Antwort auf eine deiner Fragen finden wird. Zum Beispiel:

Warum bin ich immer + eine negative Aussage:

- Warum bin ich immer zu spät dran?
- Warum bin ich immer der Einzige, der mit neuen Aufgaben nicht zurechtkommt?
- Warum bin ich immer so langsam beim Lernen?

Warum kann ich nicht + eine negative Aussage:

- Warum kann ich nicht tun, was ich tun will?
- Warum kann ich nicht erfolgreicher sein?
- Warum kann ich nicht in der Öffentlichkeit reden?

Kommen dir diese Fragen bekannt vor?

Es gibt bessere Möglichkeiten, mit dir selbst zu reden. Zum Beispiel könntest du statt „Das kann ich nicht" auch Folgendes sagen:

- Ich kann das tun (Du bekräftigst dein Potenzial)
- Ich werde das tun (Du übermittelst deine Absicht)
- Ich möchte das tun (Du weckst Wünsche)
- Ich tue das gerne (Du bestätigst, dass du es gerne tust)
- Ich entscheide mich dafür, das zu tun (Du übernimmst Verantwortung und forderst deine Macht zurück)
- Was wäre, wenn ich das tun könnte? (Du öffnest dich den Möglichkeiten)
- Stell dir vor, ich könnte das tun. (Dasselbe wie oben)
- Wie kann ich das tun? (Du setzt voraus, dass du es kannst und konzentrierst dich auf Lösungen)
- Was müsste ich glauben, um in der Lage zu sein, das zu tun? (Du suchst nach bestärkenden Überzeugungen, die dir helfen, dein Ziel zu erreichen)
- Wie würde ich mich fühlen, wenn ich das tun könnte? (Du weckst Erwartungen und erzeugst innere Motivation)

Stell dir nun vor, du würdest diese Ausdrücke jeden einzelnen Tag anwenden. Wie würden sie dein Leben auf lange Sicht verändern?

Übung: Ändere deine Selbstgespräche

Fülle die Übungen im entsprechenden Abschnitt deines Aktionshandbuches aus.

F. Entwickle Mitgefühl für dich selbst

Wir haben gerade gelernt, dass Selbstkritik eine unwirksame

Strategie ist. Was ist also eine wirksame Strategie? Die Antwort ist Selbstmitgefühl. In der Regel neigen wir dazu, viel zu hart mit uns selbst umzugehen. Die Entwicklung von Selbstmitgefühl ist eine wunderbare Möglichkeit, mit der Schaffung einer gesünderen, inneren Beziehung zu beginnen. Selbstmitgefühl ist ein Werkzeug, das dir emotionale Flexibilität verleiht. Es wird dir helfen, dich wie ein Schilfrohr zu biegen, statt wie ein trockener Zweig abzubrechen. Selbstmitgefühl ist ein Sicherheitsnetz, das du in deinem Leben unbedingt brauchst.

Dir selbst Mitgefühl zu zeigen, bietet eine Reihe von Vorteilen und wird dein Leben in vielerlei Hinsicht verbessern. Es wird dir helfen, motiviert zu bleiben, wenn die Dinge nicht wie geplant laufen und es wird dich davon abhalten, deine Aufgaben aufzuschieben. Anstatt in deiner Komfortzone zu bleiben und zu versuchen, es allen um dich herum recht zu machen, wirst du eher den Sprung wagen und neue, aufregende Projekte ausprobieren. Und warum? Weil du, selbst wenn du scheiterst, in der Lage sein wirst, dich selbst zu trösten und dich schnell von Enttäuschungen zu erholen.

Selbstmitgefühl ist für mich ein wertvolles Instrument. Es hat mir ermöglicht, mich besser zu fühlen und trotz mehrfacher Rückschläge durchzuhalten. Du kannst ebenfalls davon profitieren. Wenn du merkst, dass du zu streng zu dir selbst bist, tu dir selbst einen Gefallen: Zeige Mitgefühl mit dir selbst. Niemand ist perfekt und doch versuchen wir alle so sehr, diese Tatsache vor der Welt zu verbergen. Gönne dir selbst etwas Nachsicht. Du machst das gut so!

Du bist genau da, wo du jetzt sein solltest

Zu Selbstmitgefühl gehört die Erkenntnis, dass man genau da ist, wo man sein soll. Es bedeutet, die Realität zu akzeptieren, anstatt sie zu leugnen. Du hast zwar das Potenzial, Außergewöhnliches zu erzielen, aber wenn du etwas erreichen willst, dann musst du dort beginnen, wo du gerade bist. Anstatt zu glauben, dass du irgendwo anders sein solltest, solltest du lieber akzeptieren, dass du genau da bist, wo du jetzt bist. Lerne, den Prozess zu genießen, der dich dorthin führt, wo du sein willst. Andernfalls wirst du die Schönheit der Reise verpassen.

Wie du Mitgefühl für dich selbst entwickeln kannst

Selbstmitgefühl ist eine Fähigkeit, die Übung erfordert. Je mehr du dich darin übst, dir selbst Mitgefühl zu zeigen, desto leichter wird es dir fallen. Jedes Mal, wenn du das Gefühl hast, dich selbst kritisieren zu müssen, betrachte es als eine wunderbare Gelegenheit, Selbstmitgefühl zu üben. In ihrem Buch *Self Compassion: The Proven Power of Being Kind to Yourself* identifiziert Kristin Neff drei Schlüsselkomponenten des Mitgefühls für sich selbst:

a) Selbstliebe: Das bedeutet, freundlich zu uns selbst zu sein, anstatt Kritik zu üben und über uns zu urteilen.

b) Unsere Menschlichkeit anerkennen: Wir erkennen an, dass wir alle im selben Boot sitzen. Wir sind alle Menschen, die das Leben auf der Erde mit allem, was dazu gehört, erleben. Andere Menschen haben ähnlichen Schmerz wie wir erlebt, erleben ihn gerade oder werden ihn erleben. Wir sind nicht allein oder von anderen getrennt.

c) Achtsamkeit: Das bedeutet, sich unseres Schmerzes bewusst zu sein und ihn so zu sehen, wie er ist, anstatt ihn zu ignorieren oder zu übertreiben.

Die Konzentration auf diese drei Komponenten kann uns allen helfen, mehr Selbstmitgefühl zu entwickeln. Schauen wir uns nacheinander kurz die einzelnen Komponenten an.

a) Selbstliebe

Warst du jemals so wütend auf dich selbst, dass du dich selbst beleidigt hast? Ich schon. Das mag für viele Menschen wie eine natürliche Sache erscheinen, aber es muss nicht so sein. Nett zu sich selbst zu sein bedeutet, mit sich selbst so zu reden, wie man mit seinem besten Freund oder Ehepartner reden würde, das heißt, mit Respekt und aufrichtiger Fürsorge. Vielleicht glaubst du, dass du dadurch zu einem Narzissten wirst oder zu einer übertriebenen Selbstgefälligkeit neigen könntest. Das sind häufige Ängste, die wir haben. Jedoch ist dies nicht der Fall. Ein sanfter Umgang mit dir selbst ist ein Zeichen von Selbstachtung und ein Ausdruck deines Wunsches, glücklich zu sein.

b) Unsere Menschlichkeit anerkennen

Mit mehr als 7,5 Milliarden Menschen auf diesem Planeten stehen die Chancen gut, dass einige von ihnen ähnliche Herausforderungen wie du durchgemacht haben oder noch schlimmere Sachen erleben. Du bist nicht der Einzige, der sich dieser Herausforderung stellt. Deshalb solltest du lernen zu erkennen, dass wir alle durch unsere gemeinsame Erfahrung menschlichen Leidens miteinander verbunden sind.

c) Achtsamkeit

Man kann eine Sache nicht ändern, wenn man sich dieser nicht bewusst ist. Genauso wenig kann man den emotionalen Schmerz, den man empfindet, lindern, wenn man ihn nicht anerkennt. Allzu oft tun wir so, als sei alles in Ordnung, obwohl wir in Wirklichkeit besser dran wären, wenn wir die schwere Zeit, in der wir leiden, anerkennen würden. Wenn du gerade Herausforderungen in deinem Leben hast, tu, was du kannst, um sie zu lösen, aber erkenne auch deine Kämpfe an und schenke dir selbst Worte der Ermutigung.

Übung: Mitgefühl mit sich selbst entwickeln

Der beste Weg, die Vorteile des Selbstmitgefühls zu erfahren, ist, Mitgefühl mit sich selbst zu praktizieren. Um das zu tun, lade ich dich zu einer 7-tägigen Herausforderung für mehr Mitgefühl ein. Verzichte in den nächsten sieben Tagen, wo immer möglich, auf Selbstkritik. Um dir zu helfen, dir deiner negativen Selbstgespräche bewusst zu werden, ermutige ich dich, ein Gummiband um dein Handgelenk zu tragen und es zu schnippen, wann immer du dich kritisierst. Dann schenke dir selbst Worte der Ermutigung. Sie könnten etwa folgendermaßen lauten:

- „Ich weiß, dass du im Moment Probleme hast, aber du gibst dein Bestes.“
- „Du machst das gut. Jeder durchlebt hin und wieder herausfordernde Zeiten.“
- „Ich bin stolz auf dich. Auch wenn du den Drang verspürst,

dich selbst zu kritisieren, bemühst du dich dennoch, freundlicher zu dir selbst zu sein."

Lass dich nicht zu sehr auf die genauen Worte ein, die du verwenden solltest. Deine Absicht, sanft mit dir selbst umzugehen, ist das Wichtigste. Mit der Zeit wirst du die richtigen Worte finden, um dich selbst zu ermutigen und dir das Mitgefühl zu zeigen, das du verdienst. Denke daran, dass du nicht allein bist. Wir sitzen alle im selben Boot.

G. Tägliche Dankbarkeit üben

Viele Menschen nehmen Dinge als selbstverständlich hin und versäumen es, all die Dinge zu schätzen, die sie bereits in ihrem Leben haben. Sie streben ständig danach, mehr zu haben, auch wenn sie wenig Wertschätzung für das Gegenwärtige zeigen. Sie jagen ständig einem illusionären Glücksgefühl nach, finden es aber leider nie.

Wie viel Zeit verbringst du jeden Tag damit, die kleinen Dinge in deinem Leben zu feiern? Wie viel Bedeutung misst du jedem Tag bei, wenn du morgens aufwachst?

Die Wahrheit ist, dass du in mehr Luxus lebst als selbst Könige und Königinnen noch vor einem Jahrhundert. Du hast Zugang zu Strom, Wasser und vielen anderen Dienstleistungen. Du hast ein Dach über dem Kopf und Essen auf dem Tisch. Du hast leichten Zugang zu allem Wissen der Welt. Und du kannst sogar Länder auf der ganzen Welt besuchen, indem du in ein seltsames Vehikel steigst, das „Flugzeug" genannt wird. Ist das nicht völlig außergewöhnlich und absolut wunderbar?

Wahrscheinlich ist dir klar, dass du dankbar sein solltest, aber du könntest Schwierigkeiten haben, dies auch auf emotionaler Ebene zu erfahren. Das liegt daran, dass Dankbarkeit nicht etwas ist, das du intellektualisieren kannst, sondern etwas, das du fühlen musst. Deshalb musst du Dankbarkeit täglich praktizieren. Wie der Geschäftsphilosoph Jim Rohn schrieb: *„Unsere Emotionen müssen so gebildet sein wie unser Intellekt."* Ich finde diese Idee sehr zutreffend.

Lass uns nun einige Übungen betrachten, mit denen du mehr Dankbarkeit in deinem Leben erfahren kannst.

Menschen danken

Setze dich für diese Übung auf einen Stuhl oder lege dich auf dein Bett und schließe die Augen. Denke dann an jemanden, den du kennst und danke ihm oder ihr. Es spielt keine Rolle, wer die Person ist. Wann immer möglich, denke an etwas Bestimmtes, das diese Person für dich getan hat. Vielleicht hat er oder sie dir einen Rat gegeben, dir geholfen, eine wichtige Lektion zu lernen oder dir in der Zeit, die du mit ihm oder ihr verbracht hast, Freude bereitet. Wenn du diese Person nicht magst, denke trotzdem an etwas Positives, das du über sie sagen kannst.

Jetzt denke an jemand anderen. Strenge dich nicht zu sehr an, lasse einfach deine Gedanken schweifen. Wiederhole den gleichen Vorgang und mache ein paar Minuten so weiter. Es wäre vielleicht eine gute Idee, einen Timer für fünf Minuten einzustellen. Verstärke am Ende der Übung dein Gefühl der Dankbarkeit, indem du an all die Dinge denkst, die diese Leute für dich getan haben. Erlaube dir, ein tiefes Gefühl der Dankbarkeit zu erleben.

Führe diese Übung zunächst zwei Wochen lang jeden Morgen durch.

Dingen in deinem Leben danken

Heutzutage haben wir das Glück, von vielen Dingen umgeben zu sein, die uns das Leben erleichtern. Hast du dir jemals die Zeit genommen, diesen Dingen für all die Vorteile zu danken, die sie dir bringen? Wenn nicht, dann ist diese Übung genau das Richtige für dich.

Wähle einen bestimmten Gegenstand in dem Raum aus, in dem du dich gerade befindest. Es könnte zum Beispiel dein Schreibtisch oder der Stuhl sein, auf dem du gerade sitzt. Nimm dir dann die Zeit, diese eine Sache wertzuschätzen.

- Denke daran, wie dieser Gegenstand dein Leben verbessert. Was kannst du zum Beispiel an deinem Schreibtisch tun?

Ich liebe meinen Schreibtisch, weil ich meinen Computer darauf stellen und somit dieses Buch schreiben kann. Auf ihm kann ich meine Ziele in ein Notizbuch schreiben. Ich kann meine Tasse Tee oder Kaffee auf ihm abstellen. Er bietet mir einen Platz, an dem ich Bücher lesen kann. Stell dir vor, wie ungemütlich es wäre, wenn ich all diese Dinge auf dem Boden tun müsste.

- Denke an all die Menschen, die an der Entstehung deines Schreibtisches beteiligt waren. Er ist nicht magisch erschienen. Er ist das Ergebnis der Anstrengung vieler Menschen. Die Designer mussten das Design dafür entwerfen. Die Fabrikarbeiter mussten ihn entwerfen und zusammenbauen. LKW-Fahrer mussten ihn zum Laden liefern. Andere Leute mussten das Benutzerhandbuch schreiben. Die Übersetzer mussten es in verschiedene Sprachen übersetzen. Die Verkäufer im Geschäft mussten es auf Lager halten. Andere Leute mussten das Preisschild erstellen. Viele Leute waren daran beteiligt und nur dank ihrer harten Arbeit kannst du diesen Schreibtisch jetzt nutzen. Danke also jedem einzelnen von ihnen für seine Zeit und Mühe.

Erstelle ein Dankbarkeitstagebuch

Traurigerweise verbringen die meisten Menschen viel zu viel Zeit damit, über diejenigen Dinge nachzudenken, die sie nicht haben bzw. nicht haben wollen. Ein Dankbarkeitstagebuch ist eine gute Möglichkeit, all die Dinge, die man bereits hat, wahrzunehmen und seine Wertschätzung dafür auszudrücken. Was sollte man in ein solches Tagebuch schreiben? Ich ermutige dich, alles Positive hineinzuschreiben, was die Leute dir sagen. Jedes Mal, wenn du ein Kompliment erhältst, schreibe es in dein Tagebuch. Tu dasselbe mit jedem Lob, das du bei der Arbeit erhältst, und mit positiven Bewertungen, die du von Menschen bekommst, die deine Produkte oder Dienstleistungen gekauft haben. Zum Beispiel schreibe ich in meinem eigenen Dankbarkeitstagebuch gerne positive Bewertungen sowie alle netten E-Mails, die ich von meinen Lesern erhalte, auf.

Was ist mit dir? Was könntest du in dein Dankbarkeitstagebuch schreiben? Hast du eine Dankes-E-Mail von jemandem erhalten, dem du geholfen hast? Hat jemand dein Outfit gelobt? Was auch immer es sein mag, nimm es zur Kenntnis und füge einen neuen Eintrag in deinem Tagebuch hinzu.

Unser Gehirn ist von Natur aus darauf ausgelegt, negativer Rückmeldung mehr Bedeutung beizumessen. Ein einziger gemeiner oder negativer Kommentar kann oft Dutzende von positiven Kommentaren überwiegen. Deshalb ist es wichtig, dass du all die netten Dinge, die man dir erzählt, anerkennst und auf Papier festhältst. Es geht dir sicher besser, als du anfangs gedacht hast und es gibt viele Dinge, für die du dankbar sein kannst.

Ich lade dich ein, ein Notizbuch zu kaufen und deinen ersten Eintrag zu schreiben. Füge dann weitere Einträge hinzu und lies einige Male pro Woche alte Einträge durch.

Dankbarkeitsübung

Schreibe jeden Tag, wenn du aufwachst, drei neue Dinge auf, für die du dankbar bist. Versuche, jeden Morgen drei verschiedene Dinge zu finden. Je spezifischer du bist, desto besser. Und denke daran, dass diese Dinge sehr klein sein können. Du könntest dankbar sein für dein Bett, deine Bücher, das Internet, deine Kleidung oder dass du keine Schmerzen verspürst.

Dankbarkeitsmeditationen

Höre dir Dankbarkeitsmeditationen an und folge den Anweisungen. Du findest viele Beispiele auf YouTube.

Verschicke Dankesschreiben und Danke-E-Mails

Aus irgendeinem Grund scheuen wir uns oft, anderen von ganzem Herzen zu danken. Vielleicht liegt das daran, dass wir uns dadurch verletzlich machen. Vielleicht haben wir Angst, dass wir, wenn wir zu dankbar sind, gebeten werden, uns zu revanchieren. Was ist mit dir? Sagst du mechanisch „Danke", oder nimmst du dir die Zeit, deine Dankbarkeit von ganzem Herzen auszudrücken?

Diese Übung muss man nicht jeden Tag machen, aber wenn man sie ab und zu durchführt, kann sie sehr effektiv sein. Denke dafür an jemanden, dem du für das, was er für dich getan hat, danken möchtest. Dann denke an etwas Bestimmtes, wofür du ihm oder ihr danken möchtest. Je konkreter, desto besser. Schreibe einen Brief oder eine E-Mail an diese Person und tu dein Bestes, um deine Dankbarkeit vollständig auszudrücken. Wenn du anfängst, dich etwas unangenehm oder verletzlich zu fühlen, dann ist das ein Anzeichen dafür, dass du es richtig machst. Versuche, die folgenden Punkte einzubeziehen:

- Gib an, was genau die Person für dich getan hat
- Sag dieser Person, was es für dich bedeutet
- Beschreibe, wie du dich dabei fühlst

Wenn du den Brief nicht versenden möchtest, kannst du ihn einfach für dich behalten. Der simple Akt des Schreibens wird dir helfen, deine Dankbarkeit auszudrücken.

Zusätzlicher Hinweis:

Ich ermutige dich, schöne Lieder zu finden, die dein Herz berühren und diese bei deinen Dankbarkeitsübungen anzuhören. Das wird dir helfen, Gefühle der Dankbarkeit zu wecken.

TEIL IV

FÜNFUNDZWANZIG EINFACHE STRATEGIEN, UM DEINE MOTIVATION WIEDERZUGEWINNEN

Motivation kommt und geht, aber es gibt viele Dinge, die du tun kannst, um deine Motivation wiederzuerlangen. Im Folgenden findest du einige Techniken, die du anwenden kannst, um aus deinem Loch herauszukommen und Schwung zu erzeugen:

A. Tu es einfach

Nutze das Prinzip des Fertigstellens, um deine Motivation zurückzugewinnen.

1. Erledige eine Aufgabe, die du zu lange aufgeschoben hast: Identifiziere eine Aufgabe oder ein Projekt, das du schon eine Weile aufgeschoben hast und bringe es sofort zu Ende.

2. Schreibe es auf und erledige es: Schreibe eine Liste aller Dinge, die du tun musst, aber bis jetzt aufgeschoben hast. Entwickle nun einen Zeitplan für die Erledigung dieser Dinge.

3. Erledige eine simple und leichte Aufgabe: Arbeite an einer kleinen Aufgabe, die dich deinem Ziel näherbringt. Dann, wenn du Lust dazu hast, arbeite an einer weiteren und schaue, wohin dich das führt.

4. Schließe ein bestimmtes Projekt ab: Widme dich einem

bestimmten Projekt, das du unvollendet zurückgelassen hast und schließe es zu 100% ab.

5. Vervollständige heute drei Dinge: Schreibe drei einfache Aufgaben auf, die du heute erledigen möchtest. Erledige sie, streiche sie dann von deiner Liste und sage dir: „Gut gemacht!" Belohne dich am Ende des Tages mit deiner Lieblingsspeise oder deinem Lieblingsfilm. Wiederhole diesen Vorgang morgen und übermorgen.

B. Gönne dir eine Pause

Tritt einen Schritt zurück und gehe aus deinem Kopf heraus. Die Dinge sind wahrscheinlich nicht so schlimm, wie du denkst.

6. Sieh dir die Fakten an: Tritt einen Schritt zurück und betrachte deine gegenwärtige Situation aus einem rein objektiven Blickwinkel. Was sind die Fakten? Fakten sind keine große Sache, aber deine Interpretation der Fakten kann es sein. Wirst du dich in zwanzig Jahren an deine gegenwärtige Situation erinnern? Ist das wirklich so eine große Sache? Wenn nicht, kannst du sie dann loslassen?

7. Sprich mit einem Freund: Rufe einen Freund oder eine Freundin an oder triff dich mit ihm oder ihr, um eine andere Perspektive zu bekommen.

8. Finde einen Coach oder einen Partner, bei dem du Rechenschaft ablegen musst: Finde jemanden, mit dem du zusammenarbeiten kannst. Dies wird dir eine neue Perspektive eröffnen, Verantwortlichkeit schaffen und dich dazu ermutigen, konsequent zu handeln.

9. Mach eine Pause: Vielleicht ist alles, was du brauchst, eine Pause. Nimm dir einen Tag frei. Hab ein entspanntes Wochenende und tu einfach nichts.

10. Entwickle Mitgefühl für dich selbst: Sei nett mit dir selbst. Es ist in Ordnung, wie du dich jetzt fühlst. Lass die Selbstkritik los und ermutige dich stattdessen selbst.

11. Tu etwas für jemand anderen: Anderen Menschen zu helfen kann verhindern, dass du dich zu sehr auf dich selbst und deine eigenen Probleme konzentrierst. Wem kannst du heute helfen? Kannst du für jemanden ein Geschenk kaufen? Kannst du einen Dankesbrief verschicken? Kannst du jemandem helfen, seine Ziele zu erreichen?

12. Bewegung: Bewege deinen Körper. Geh joggen. Trainiere. Mach Yoga. Sport ist eine großartige Möglichkeit, den Fokus vom Geist auf den Körper zu verlagern.

C. Bringe Ordnung rein

Bringe Ordnung in dein Leben. Zu viel Durcheinander kann dazu führen, dass du dich festgefahren fühlst.

13. Sortiere deine Sorgen: Mach eine Liste aller Dinge, über die du dir Sorgen machst. Schreibe neben jedem Punkt auf, ob du Kontrolle (K), etwas Kontrolle (EK) oder keine Kontrolle (KK) über diese Dinge hast. Übe dich darin, Dinge loszulassen, über die du keine Kontrolle hast. Schreibe für die Dinge, über die du eine gewisse Kontrolle hast, auf, was du tun kannst, um deine Sorge zu überwinden.

14. Überarbeite deinen Terminplan: Sei rücksichtslos in der Art und Weise, wie du deine Zeit nutzt. Versuche, alle Aktivitäten zu streichen, die dir keinen Spaß machen oder die dich nicht zu deiner idealen Vision führen.

15. Räume deinen Schreibtisch auf: Ein aufgeräumter Schreibtisch kann die Manifestation eines überladenen Geistes sein. Räume deinen Schreibtisch auf und ordne die Dateien auf deinem Computer neu.

16. Räume deine digitale Umgebung auf: Bringe Ordnung in dein E-Mail-Postfach, melde dich von Newslettern ab, entferne Softwares, die du nicht benutzt und so weiter.

17. Entrümple dein Haus: Verbringe dein Wochenende damit, dein Haus aufzuräumen. Behalte nur Dinge, die du liebst und löse dich von allem anderen (du kannst dafür den Abschnitt über die Entrümpelung deiner physischen Umgebung durchlesen).

D. Gewinne deine Begeisterung zurück

Konzentriere dich auf das, was du liebst und gut machst, und gewinne so deine Motivation zurück.

18. Tu mehr von dem, was du liebst: Nimm dir während deines Tages Zeit, etwas zu tun, das du am meisten liebst.

19. Finde heraus, was dich begeistert: Setze dich an deinen Schreibtisch, nimm einen Stift und ein Blatt Papier und schreibe auf: „Was liebe ich?" Schreibe dann alles auf, was dir in den Sinn kommt. Sieh, zu welchen Projekten, Zielen oder Ideen du dich hingezogen fühlst.

20. Beginne eine neue und aufregende Herausforderung: Vergiss deine kleinen Ziele. Denke an eine Herausforderung, die dich wirklich begeistert, egal wie groß oder unrealistisch sie auch erscheinen mag. Dann führe eine Handlung aus, die dich weiterbringt, sei es der Kauf eines Buches, das Anschauen eines Videos oder die Kontaktaufnahme mit einem Experten auf diesem Gebiet.

21. Feiere deine Erfolge: Nimm dir ein Blatt Papier und schreibe alles auf, was du je in deinem Leben erreicht hast. Achte darauf, dass du auch die persönlichen Probleme anerkennst, die du überwunden hast. Je spezifischer du sein kannst, desto besser.

22. Übe dich in Dankbarkeit: Mach es dir zur Gewohnheit, Dankbarkeit für all die nützlichen Dinge in deinem Leben zu fühlen. Konzentriere dich auf das Positive.

E. Erfinde dich neu

Mach etwas anderes. Du kannst nicht immer die gleichen Dinge tun und andere Ergebnisse erwarten.

23. Verlass deine Komfortzone: Tu etwas, das dir ein bisschen Angst macht. Tu etwas, das du noch nie zuvor versucht hast. Gibt es etwas, das du schon immer versuchen wolltest, dich aber nie getraut hast? Dann tu es!

24. Neue Leute kennenlernen: Von wem möchtest du umgeben sein? Finde eine Gruppe Gleichgesinnter und tritt ihr bei (z.B. mit

Meetup.com). Oder gründe deine eigene Gruppe, um genau die Art von Leuten anzuziehen, mit denen du zu tun haben möchtest.

25. Durchbrich alte Muster: Verbringe deinen Tag damit, Dinge zu tun, die du normalerweise nicht tust. Ruf einen alten Freund an, geh spazieren und so weiter.

SCHLUSSFOLGERUNG

Ich danke dir vielmals, dass du dieses Buch bis zum Ende gelesen hast. Manchmal fällt es uns schwer, die Motivation zu erzeugen, die wir brauchen, um die Ziele zu erreichen, die uns wirklich wichtig sind. Das ist ein ganz normaler Prozess und es ist nichts ungewöhnlich daran. Glücklicherweise hast du nach der Lektüre und Anwendung, der in diesem Buch dargelegten Ideen, nun viele Werkzeuge, um aus einer solchen Flaute herauszukommen. Sieh dies als einen Tugendkreis: Je mehr du handelst, desto mehr Schwung baust du auf und je mehr Schwung du aufbaust, desto mehr handelst du. Denke daran, dass du nie wirklich stecken bleibst. Es scheint nur so, aufgrund deiner Gedanken, deiner Emotionen und der Handlungen, die du unternimmst oder auch nicht unternimmst. Du kannst dich jederzeit ändern und deine verloren geglaubte Motivation kann schneller zurückkehren, als du dachtest.

Ich hoffe, dass du dieses Buch immer wieder aufsuchen wirst, wenn du dich festgefahren fühlst und dass du die Übungen und Einsichten in diesem Buch nutzen wirst, um deine Motivation wieder zu beleben. Vielleicht verspürst du den Drang, dich selbst fertigzumachen, weil du nicht so produktiv bist, wie du es gerne wärst oder weil du deine größten Ziele nicht erreicht hast. Aber sei nett zu dir selbst.

Immer.

Niemand ist perfekt.

Ich persönlich leide unter meinem gerechten Anteil an Prokrastination und Selbstzweifeln und ich bin sicher, du auch, aber dies ist Teil des Menschseins. Ein weiterer Teil des Menschseins besteht darin, dass wir extrem widerstandsfähig sind. Wir können alle Hindernisse auf unserem Weg überwinden, wir können den Tiefpunkt erreichen und trotzdem wieder aufstehen. Wir sind voller Überraschungen. Wie auch immer du dich jetzt fühlen magst, ich weiß, dass du deine Motivation zurückgewinnen wirst und dich mit mehr Überzeugung und Leidenschaft als je zuvor auf deine Ziele und Träume zubewegen kannst.

Es ist jetzt an der Zeit, dass du an deine Arbeit zurückkehrst, unerledigte Projekte abschließt, Dinge tust, die dir Angst machen und neue Impulse setzt. Wenn du im Zweifel bist, denke daran zu handeln. Handeln heilt Ängste. Ein Objekt in Bewegung neigt dazu, in Bewegung zu bleiben und das gilt auch für dich.

Wenn du in deinem eigenen Tempo vorankommst und dabei freundlich zu dir selbst bist, wirst du Großes erreichen.

Wenn du deine Geschichte mit mir teilen willst oder mir irgendetwas anderes mitteilen möchtest, sende mir bitte eine E-Mail an: thibaut.meurisse@gmail.com.

Ich höre immer gerne von meinen Lesern.

Ich freue mich darauf, sehr bald von dir zu hören.

Herzliche Grüße,

Thibaut

ÜBER DEN AUTOR

Thibaut Meurisse ist Autor, Coach und Gründer von whatispersonal-development.org.

Er wurde auf wichtigen Webseiten zur persönlichen Entwicklung vorgestellt, wie Lifehack, TinyBuddha, MotivationGrid, PickTheBrain, DumbLittleMan oder FinerMinds.

Besessen von der Selbstverbesserung und fasziniert von der Kraft des Gehirns, ist es seine persönliche Mission, den Menschen zu helfen, ihr volles Potenzial zu verwirklichen und höhere Ebenen der Erfüllung und des Bewusstseins zu erreichen.

Du kannst dich mit ihm auf seiner Facebook-Seite verbinden:

https://www.facebook.com/whatispersonaldevelopment.org

Erfahre mehr über Thibaut unter

amazon.com/author/thibautmeurisse

ANDERE BÜCHER VON DEN AUTOREN:

Meistere Deine Emotionen: Ein praktischer Leitfaden zur Überwindung von Negativität und zum besseren Umgang mit deinen Gefühlen

Bücher in englischer Sprache

Crush Your Limits: Break Free from Limitations and Achieve Your True Potential

Goal Setting: The Ultimate Guide to Achieving Life-Changing Goals

Habits That Stick: The Ultimate Guide to Building Habits That Stick Once and For All

Master Your Destiny: A Practical Guide to Rewrite Your Story and Become the Person You Want to Be

Master Your Emotions: A Practical Guide to Overcome Negativity and Better Manage Your Feelings

Master Your Focus: A Practical Guide to Stop Chasing the Next Thing and Focus on What Matters Until It's Done

Master Your Motivation: A Practical Guide to Unstick Yourself, Build Momentum and Sustain Long-Term Motivation

Master Your Thinking: A Practical Guide to Align Yourself with Reality and Achieve Tangible Results in the Real World

Master Your Success: Timeless Principles to Develop Inner Confidence and Create Authentic Success

Productivity Beast: An Unconventional Guide to Getting Things Done

The Greatness Manifesto: Overcome Your Fear and Go After What You Really Want

The One Goal: Master the Art of Goal Setting, Win Your Inner Battles, and Achieve Exceptional Results

The Passion Manifesto: Escape the Rat Race, Uncover Your Passion and Design a Career and Life You Love

The Thriving Introvert: Embrace the Gift of Introversion and Live the Life

You Were Meant to Live

The Ultimate Goal Setting Planner: Become an Unstoppable Goal Achiever in 90 Days or Less

Upgrade Yourself: Simple Strategies to Transform Your Mindset, Improve Your Habits and Change Your Life

Success is Inevitable: 17 Laws to Unlock Your Hidden Potential, Skyrocket Your Confidence and Get What You Want From Life

Wake Up Call: How To Take Control Of Your Morning And Transform Your Life

WAS SIND DEINE GEDANKEN?

Ich würde gerne deine Meinung hören! Deine Gedanken und Kommentare sind mir wichtig. Wenn dir dieses Buch gefallen hat oder du es nützlich findest, **wäre ich dir sehr dankbar, wenn du eine kurze Rezension auf Amazon veröffentlichen könntest.** Deine Unterstützung macht wirklich einen Unterschied. Ich lese alle Rezensionen persönlich, damit ich dein Feedback erhalte und dieses Buch noch besser machen kann.

Nochmals vielen Dank für deine Unterstützung!

AKTIONSHANDBUCH

Stopp – Tu jetzt diese eine Sache!

Erledige eine Aufgabe, die du schon lange aufgeschoben hast. Und schließe sie jetzt ab!

Stelle dir folgende Fragen:

- Was ist die eine Aufgabe, die ich erledigen *sollte*, aber nicht erledigen will?

Wenn ich jetzt eine Aufgabe erledigen müsste, welche würde meinen Geist am meisten befreien?

Teil I. Deine Situation einschätzen

1. Akzeptiere deine Situation

Akzeptiere deine gegenwärtige Situation voll und ganz und zeige Mitgefühl für dich selbst. Lasse jegliches Schuldgefühl los und nimm die Last von deinen Schultern. Es ist Zeit für einen Neuanfang.

2. Die Fakten offenlegen

Schreibe die reinen Fakten zu deiner aktuellen Situation auf. Betrachte deine Situation objektiv. Was genau ist passiert?

Was passiert ist:

Dann frage dich selbst:

- Wird das in zwanzig Jahren überhaupt noch eine Rolle spielen?
- Ist es das erste Mal, dass ich mich so fühle?
- Ist das wirklich so eine große Sache?
- Ist das Ereignis im Weltmaßstab relevant?
- Was kann ich jetzt dagegen tun?

3. Finde eine externe Perspektive

Suche dir eine externe Perspektive, indem du einen (oder mehrere) der folgenden Schritte durchführst:

1. Sprich mit einem Freund
2. Sieh deine Situation mit den Augen eines anderen
3. Stell dir vor, dein bester Freund befindet sich in einer ähnlichen Situation

Teil II. Momentum aufbauen

1. Aufräumen

A. Verbinde dich wieder mit der Gegenwart

Meditiere über die Tatsache, dass dieser Moment das Einzige ist, was es jemals geben wird. Die Vergangenheit ist vorbei und die Zukunft kommt erst noch.

Übertrage Verantwortung auf dein zukünftiges Ich

Durchlaufe den folgenden Drei-Schritte-Prozess:

1. Atme ein paar Mal tief durch und entspanne dich.
2. Erinnere dich an die Leistungen und Herausforderungen, die du in der Vergangenheit bewältigt hast. Du warst bis jetzt in der Lage alles zu meistern und zu überleben, und dein zukünftiges Selbst wird gut zurechtkommen. Stell dir vor, wie du all deine Sorgen über die Zukunft auf dein

zukünftiges Ich überträgst. Spüre, wie du leichter und präsenter wirst.

3. Konzentriere dich wieder auf das, was du heute tun kannst, und zwar nur darauf

Sortiere deine Sorgen aus

Fülle die untenstehende Tabelle aus:

Worüber ich mir Sorgen mache	Art der Kontrolle (K/EK/KK)	Wie hilft mir das	Was kann ich dagegen tun

C. Offene Loops schließen

Schreibe jede Aufgabe auf, die dir im Kopf herumschwirrt. Plane dann Zeit ein, um diese Aufgaben zu erledigen.

Dinge, die zu erledigen sind:

-

-

-

-

-

-

-

-

-

-

-

-

-

-

-

-

-

D. Gib dir mehr Freiheiten in deinem Zeitplan

Finde heraus, warum du nicht Nein sagen kannst.

Fülle die folgende Tabelle aus:

Dinge, zu denen ich Ja gesagt habe	J/N (Wollte ich Ja oder Nein sagen?)	Warum ich nicht Nein sagen konnte

Wie man Nein sagt

a) Fange klein an

Welchen kleinen Gefallen oder welche Einladung könntest du ablehnen?

-

-

-

b) Hör auf, dich zu rechtfertigen

Was wirst du sagen, um die Einladung abzulehnen?

Beispiel:

- Es tut mir leid, aber Partys sind nicht mein Ding, also werde ich dieses Mal nicht dabei sein.
- Es tut mir leid, aber im Moment bin ich voll und ganz auf ein sehr wichtiges Projekt konzentriert.

c) Übe, Nein zu sagen

Visualisiere eine bestimmte Situation und sieh dich selbst, wie du Nein sagst. Welche Worte würdest du verwenden? Wie würdest du sie sagen? Wenn du kannst, sprich sie laut aus. Noch besser, übe mit jemandem zusammen.

d) Alternativen anbieten

Welche Alternative(n) könntest du in Zukunft anbieten, anstatt nur Ja oder Nein zu sagen? Schreibe einige davon hier auf:

-

-

-

-

Unangenehme Aufgaben beseitigen

Fülle die folgende Tabelle aus:

Unangenehme Aufgaben	Was kannst du mit ihnen tun? (Delegieren? Streichen? Umformulieren?)

E. Räume deinen Schreibtisch auf

Entferne alles Unnötige auf deinem Schreibtisch, wie z.B. Akten, die du im Moment nicht brauchst, dein Smartphone usw.

F. Räume deine physische Umgebung auf

Befreie dich von *allem*, was du nicht brauchst, und behalte nur Dinge, die dir Freude bereiten.

1. Sortiere deinen Besitz nach Kategorien aus (Kleidung, Bücher, Papiere, Diverses und Gegenstände mit sentimentalem Wert).

2. Sammle alle Gegenstände der ersten Kategorie und packe
    die unnötigen in eine Plastiktüte.

3. Geh zur nächsten Kategorie über und wiederhole den
    Vorgang

G. Überprüfe deine Erwartungshaltung

Wenn du dir deine täglichen Ziele setzt, verdopple die Zeit, die du
glaubst, für jede Aufgabe zu benötigen und schau was passiert.

H. Lege genügend Pausen ein

Teste eine Woche lang eine der folgenden Techniken:

1. Alle 75-90 Minuten Pausen einlegen (mit 10 bis 15-minütigen
    Pausen).

2. Alle 52 Minuten Pausen einlegen (mit 17-minütigen Pausen).

3. Alle 25 Minuten Pausen einlegen (mit 5-minütigen Pausen).

2. Fokus

A. Beurteile deine Produktivität

Erstelle dein Zeitprotokoll mit dem Zeitprotokollblatt (separate PDF-
Datei)

B. Nutze das 80/20-Prinzip

Welches sind die 20% deiner Aufgaben, die dir 80% deiner
Ergebnisse bringen?

Schreibe für jeden der unten aufgeführten Bereiche die wenigen
Dinge auf, die, wenn du sie tun würdest, einen großen Unterschied
machen würden.

Soziales Leben:

-

-

-

Finanzen:

-

-

-

Gesundheit:

-

-

-

Wohlbefinden:

-

-

-

C. Beseitige Ablenkungen

Welche eine Sache kannst du jetzt tun, um deine Motivation zu steigern? Wenn du Widerstand verspürst, versuche, die Wurzel dieses Widerstands zu finden (Angst, nicht gut genug zu sein, mangelnde Klarheit, mangelndes Interesse oder fehlende Energie).

Eine Sache, die ich tun könnte, um meine Motivation zu steigern, ist:

D. Optimiere deine Umgebung

Was kannst du in deiner Umgebung ändern, um dich motivierter zu fühlen und die Wahrscheinlichkeit zu erhöhen, dass du deine Lebensziele erreichst?

- Welche physischen Objekte könnten hinzugefügt oder entfernt werden?
- Wen könntest du aufhören zu treffen oder mit wem könntest du mehr Zeit verbringen?
- Welche Veränderungen könntest du zu Hause oder an deinem Arbeitsplatz vornehmen?

Wie du deine Umgebung optimieren wirst:

Digital Detox

Experiment mit komplettem und teilweisem Detox:

- Kompletter Detox: Verzichte während 24 Stunden, 48 Stunden oder länger auf die Verwendung aller digitalen Geräte.
- Teilweiser Detox: Erstelle deine eigenen Regeln bezüglich deiner digitalen Umgebung. Gib in den nächsten sieben Tagen dein Bestes, um diese von dir festgelegten Regeln zu befolgen und achte darauf, wie du dich fühlst.

3. Wieder entzünden

A. Tu mehr von dem, was dir Spaß macht

Lass los, was dich nicht glücklich macht.

Mach eine Liste mit dem, was du jeden Tag tust. Dann frage dich: „Welche dieser Aktivitäten gibt mir ein Gefühl von Erfüllung, nach dem ich suche?"

Aktivität	Grad der Erfüllung

Finde heraus, was du gerne tust

Beantworte die folgenden Fragen:

Wann hattest du das letzte Mal einen schönen Tag und warum? Was hast du gemacht?

Worauf freust du dich jeden Tag am meisten?

Wenn du jeden Tag nur eine Tätigkeit ausüben könntest, die du liebst, welche wäre das?

Welche Aktivitäten würden es dir ermöglichen, dich am Ende deines Tages wohlzufühlen?

Wie würdest du deinem besten Freund deinen idealen Tag beschreiben?

Gibt es etwas, das du in der Vergangenheit gerne getan hast, aber jetzt nicht mehr tust?

Gibt es etwas, das du schon immer machen wolltest, aber nie den Mut dazu hattest?

Schreibe 20 Dinge auf, die du gerne tust:

	Dinge, die ich gerne mache
#1	
#2	
#3	
#4	
#5	
#6	
#7	
#8	
#9	
#10	
#11	
#12	
#13	
#14	
#15	
#16	
#17	
#18	
#19	
#20	

B. Finde heraus, was dich wirklich motiviert

Finde heraus, was du wirklich willst.

Stelle dir die folgenden Fragen:

Ist das wirklich mein Ziel oder ist es das Ziel von jemand anderem?

Begeistert es mich? Fühle ich mich dazu hingezogen oder muss ich mich ständig anstrengen und kämpfen?

Was bringt es mir, dieses Ziel zu erreichen? Und ist es das, was ich will? Wird es mein Leben wirklich verbessern?

Finde deine Stärken

Beantworte die folgenden Fragen:

Was sind meine größten Stärken?

Was glaube ich, kann nur ich tun? Was ist einzigartig an mir?

Was fällt mir so leicht, dass ich wirklich nicht verstehen kann, warum andere Schwierigkeiten dabei haben?

Wofür macht man mir Komplimente? (Wenn du die Antwort darauf nicht weißt, frage deine Freunde, Familienmitglieder oder Kollegen.)

Deine Persönlichkeit verstehen

Um deine Persönlichkeit besser zu verstehen, führe folgende Tests durch: Introvertiertheitstest, Test von Briggs Myers und Big-Five-Persönlichkeitstest. Du kannst viele kostenfreie Beispiele dieser Tests im Internet finden.

Was kannst du tun, um deine Persönlichkeit besser auszudrücken?

Identifiziere deine Kernwerte

Top 5 Kernwerte	Lebe ich danach?	Wie kann ich mich besser nach ihnen ausrichten?

Erstelle deine Vision

Schreibe deine Antwort auf die folgenden Fragen auf:

a) Wie soll sich die Welt als Ergebnis meiner eigenen Handlungen verändern?

b) Welcher Gruppe von Menschen, guten Zwecken oder Organisationen will ich in dieser Welt dienen?

c) Wenn ich nur ein Problem in der Welt lösen könnte, welches wäre das? Und warum?

d) Was ist meine einzigartige Art und Weise, mich in dieser Welt auszudrücken? Welche Wörter beschreiben mich am besten?

C. Setze dir spannende Ziele

a) Dich wieder mit deinem ursprünglichen „Warum" verbinden

Nimm dir etwas Zeit, um dich wieder mit deiner Vision zu verbinden. Schau dir verschiedene Bereiche nacheinander an und frage dich, ob du dich in die richtige Richtung bewegst. Schau dir die Lücke an zwischen dem, wo du jetzt bist und dem, was du anstrebst.

Karriere:

Warum habe ich meine derzeitige Laufbahn gewählt? Wonach habe ich gestrebt, als ich anfing? Was hat mich motiviert?

Familie:

Welche ursprüngliche Vision hatte ich für mich und meine Familie? Wie könnte ich die Lücke zwischen meiner gegenwärtigen Situation und dem, was ich anstrebe, schließen?

Beziehung:

Wie habe ich mich zu Beginn meiner Beziehungen gefühlt? Was waren meine tiefsten Sehnsüchte?

Soziales Leben:

Was ist für mich das ideale soziale Leben? Was könnte ich tun, um diesem Ideal näher zu kommen?

b) Neue Pläne machen

Schreibe deine Antworten auf die folgenden Fragen auf:

Was will ich?

Lass deiner Fantasie freien Lauf und achte auf jedes Anzeichen von Begeisterung, das in dir aufkommt.

- Gibt es ein Ziel oder eine Idee, zu der ich mich hingezogen fühle?
- Gibt es etwas, wodurch ich mich wirklich gut fühle?
- Gibt es etwas, wozu ich jetzt Lust habe? Gibt es etwas, was ich in naher Zukunft erreichen will und es kaum erwarten kann?

Denke daran, dass es wichtig ist, wie du dich fühlst. Deine Emotionen sagen dir viel über dich und deine Werte aus.

Was ich will:

c. Dein „Warum stärken"

Übung: Dein „Warum" stärken

Beantworte folgende Fragen: „Was ist das wichtigste (und aufregendste) Ziel, das ich im Moment verfolgen möchte und warum? Was sind all die Gründe, warum es geschehen muss?"

Mach dir eine Liste mit mindestens zwanzig Gründen, warum du dieses Ziel erreichen willst. Wenn du kannst, versuche, 100 Gründe zu nennen.

Mein aufregendstes Ziel:

Gründe, warum es geschehen muss:

4. Springen

A. Tu das Unmögliche

Schreibe alles auf, was du glaubst, niemals tun zu können. Wähle jetzt eine Sache aus deiner Liste aus und verpflichte dich, sie diese Woche oder diesen Monat zu tun.

Was ich glaube, nie tun zu können:

-

-

-

-

-

-

-

-

-

-

Die eine „unmögliche“ Sache, die ich tun werde, ist:

B. Neue Leute kennenlernen

Beantworte die folgenden Fragen:

Welche Art von Menschen möchte ich treffen? Und was sind ihre Werte, Visionen, Charaktereigenschaften usw.?

Wo kann ich sie finden?

Welche konkreten Aktionen werde ich unternehmen, um Gleichgesinnte zu treffen?

C. Alte Muster durchbrechen

Wie denke, fühle und handle ich jetzt im Gegensatz zu vorher?

Erinnere dich an eine Zeit, in der du dich motiviert gefühlt hast. Was hast du gedacht, getan und gefühlt? Verbringe ein paar Minuten damit, dich wieder mit dem zu verbinden, was du gefühlt hast.

Vorher

Jetzt

Wie ich denke?

Wie ich fühle?

Wie ich handle?

Dinge anders machen

Welche verschiedenen Aktivitäten könntest du jetzt unternehmen? Schreibe sie unten auf:

-

-

-

-

D. Eine Tat der Freundlichkeit ausführen

Führe heute eine Tat der Freundlichkeit aus.

5. Fertigstellen

A. Aufgaben zu 100% fertigstellen

Schreibe unten einige unvollendete Projekte auf. Wie fühlst du dich dabei?

Erinnere dich an eine Zeit, in der du ein Projekt abgeschlossen hast, das dir wichtig war. Wie hast du dich gefühlt? Und was geschah danach? Warst du motivierter? Selbstbewusster?

B. Zerstöre das „Shiny-Object-Syndrom"

Vermeide Ablenkungen mithilfe der folgenden Schritte:

- **Sei bewusst:** Identifiziere die Bereiche deines Lebens, die deine Ziele behindern. Verstehe, wie Erfolg funktioniert und ändere deine Denkweise entsprechend.
- **Entwickle eine wirksame Strategie:** Verbringe Zeit damit, einen effektiven Plan auszuarbeiten, der, wenn du ihn befolgst, die von dir gewünschten Ergebnisse liefert. Überlege dir dafür nichts Neues, sondern imitiere, was Menschen, die deine Ziele erreicht haben, getan haben.
- **Sei geduldig:** Das Leben ist ein Marathon, kein Sprint. Wenn du langfristig denkst, wirst du viel mehr erreichen als die meisten Menschen. Dies sollten deine Mantras sein: „Hab Geduld" und „Es ist okay, ich habe Zeit".
- **Sei konsequent:** Konzentriere dich auf eine bestimmte Vorgehensweise und verfolge diese jeden Tag konsequent, bis du die gewünschten Ergebnisse erzielst.
- **Überwinde deine Ängste:** Sei ehrlich zu dir selbst und stelle dich deinen Ängsten, anstatt durch Hinauszögern zu verhindern, dass du deine Komfortzone verlässt. Denke daran: Handeln heilt Angst.
- **Verpflichte dich:** Setze dir ein bestimmtes Ziel, das dich

reizt. Setze dir eine klare Frist und beschließe, dein Ziel zu erreichen. Um dir zum Erfolg zu verhelfen, mache dein Ziel öffentlich oder suche dir einen Partner oder Coach, falls nötig.

- **Vermeide Informationsüberlastung**: Hast du eine klare Absicht hinter dem, was du tust, erstelle einen Lernplan und entferne so viele ablenkende, äußere Reize wie möglich. Je überlegter du bist, desto weniger überwältigt wirst du dich fühlen.

C. Halte deine Versprechen

a) Halte deine Versprechen gegenüber anderen

Was hast du Leuten versprochen, es aber nicht ausgeführt? Tu jetzt eines dieser Dinge.

b) Halte deine Versprechen gegenüber dir selbst

Lege eine Woche lang 3 einfache, tägliche Aufgaben fest und erledige diese. Stelle sicher, dass du konsequent bleibst.

D. Klug prokrastinieren

Schreibe alle kleinen Aktivitäten auf, die du jetzt durchführen könntest. Versuche, dich auf Aktivitäten zu konzentrieren, die dir Spaß machen oder zumindest auf Aktivitäten, die dich in die richtige Richtung bewegen. Wähle jetzt eine Handlung aus und beschließe, sie jetzt oder, falls du jetzt nicht kannst, später am Tag durchzuführen.

E. Tieftauchen

Identifiziere ein Projekt, das du begonnen, aber noch nicht abgeschlossen hast. Gib dir dann einen kurzen Zeitraum, um dich darauf zu konzentrieren, bis es 100% abgeschlossen ist.

Teil III. Schwung beibehalten

1. Anerkennen

A. Erledige drei Aufgaben

Schreibe drei Aufgaben auf, die du heute erledigen willst, führe sie durch und feiere deinen Erfolg. Wiederhole den Vorgang jeden Tag, bis er zur Gewohnheit wird.

Meine drei Aufgaben für heute sind:

-

-

-

B. Sei stolz auf dich

Finde etwas, worauf du stolz bist, und bekenne dich jetzt gleich dazu. Sage dir selbst: „Ich bin stolz auf mich, weil ich *einfügen, was dich stolz macht*.“

Denke dann, bevor du zu Bett gehst, an drei Dinge, auf die du stolz bist.

C. Richtige Handlung vs. richtiges Ergebnis

Schau dir Ziele an, die du in verschiedenen Bereichen deines Lebens erreichen willst. Identifiziere die richtige(n) Handlung(en) für jeden dieser Bereiche. Was sind die wenigen, wirksamsten Dinge, die du immer wieder tun kannst, damit du im Laufe der Zeit an Schwung gewinnst und schließlich deine Ziele erreichst?

Ziel Nr. 1

Richtige Handlungen:

-

-

-

Ziel Nr. 2

Richtige Handlungen:

-

-

-

Ziel Nr. 3

Richtige Handlungen:

-

-

-

2. Verpflichten

A. Suche nach externer Rechenschaftspflicht

Was ist eine Sache, die du tun könntest, um Rechenschaftspflicht zu schaffen? Schreibe es hier auf.

B. Erschaffe ein Morgenritual

Erstelle dein persönliches Morgenritual anhand der folgenden Schritte:

1. **Kläre dein „Warum".** Schreibe dein Hauptziel auf (Dankbarkeit empfinden, produktiver sein usw.)

2. **Begeistere dich für dein Morgenritual.** Schreibe eine oder mehrere Aktivitäten auf, die dir Spaß machen und die du morgens als Erstes machen willst.

3. **Erkenne Hindernisse an und bereite dich mental auf sie vor.** Schreibe mögliche Hindernisse auf und visualisiere, wie du mit ihnen umgehst.

4. **Wähle die Komponenten deines Morgenrituals aus.** Wähle Aktivitäten aus, die deinen Körper, deinen Geist und deine Seele nähren. Schreibe sie unten auf.

5. Entscheide, wie viel Zeit dir zur Verfügung steht. Schreibe auf, wie viel Zeit du deinem Morgenritual widmen wirst.

6. Beseitige Hindernisse und Ablenkungen. Schreibe auf, was du tun wirst, um mögliche Hürden zu beseitigen. (Lege deine Laufsachen am Vorabend bereit etc.)

7. Stelle dich auf Erfolg ein. Was wirst du tun, um sicherzustellen, dass du genügend Schlaf bekommst, damit du energiegeladen aufwachst und dich an dein Morgenritual hältst?

8. Verpflichte dich zu 100%. Nimm dir einen Moment Zeit, um dich wirklich dazu zu verpflichten.

9. Nimm die 30-Tage-Herausforderung an. Verpflichte dich, 30 Tage lang dein neues Morgenritual auszuführen.

Um mehr über die Gestaltung eines aufregenden Morgenrituals zu erfahren, kannst du mein Buch *Wake Up Call* lesen.

C. Lebe mit einer Absicht

Lege Absichten für den Tag mithilfe der nachstehenden Schritt-für-Schritt-Methode fest.

1. Schreibe unten die wichtigsten Abschnitte deines Tages auf:

-

-

-

-

-

-

-

-

-

-

2. Wähle die Abschnitte aus, in denen du dich anders fühlen möchtest, als du es derzeit tust.

-

-

-

3. Lege einen bestimmten Auslöser für deine Absicht fest. Schreibe hier deinen Auslöser auf:

4. Entscheide, was du tun wirst, um deinen emotionalen Zustand zu ändern. Schaffe eine Art Ritual, bevor du diesen Abschnitt deines Tages beginnst. Schreibe es hier auf:

5. Erinnere dich selbst immer wieder an deine Absicht, z. B. mithilfe von kleinen Notizzetteln, einem Timer, etc.

D. Dich zu einer 30-Tage-Challenge verpflichten

Die Umsetzung einer 30-Tage-Challenge ist eine großartige Möglichkeit, Momentum aufzubauen und deine Motivation zu steigern. Im Folgenden erfährst du, was du tun kannst, um deine 30-tägige Herausforderung zu einem Erfolg zu machen.

Wie man eine 30-Tage-Challenge erfolgreich meistert

Beantworte die folgenden Fragen.

a) Was würde den größten Einfluss auf mein Leben haben, wenn ich mich verpflichten würde, es täglich für dreißig Tage durchzuführen?

b) Zu was genau verpflichte ich mich für die nächsten dreißig Tage?

c) Wie werde ich für meine Herausforderung Rechenschaft ablegen? (Wer wird mein Partner dafür sein? Wie werde ich meine Fortschritte kommunizieren und wie oft? usw.)

d) Was wird geschehen, wenn ich scheitere? (Was sind die Konsequenzen, wenn ich nicht durchhalte?)

e) Wie werde ich mich selbst belohnen?

E. Ändere deine Selbstgespräche

Denke an etwas, von dem du glaubst, dass du es nicht gut machen kannst. Zum Beispiel: „Ich kann nicht gut vor einem Publikum sprechen".

Ersetze dann die Worte „Ich kann nicht" mit den folgenden Ausdrücken.

Bsp.: Ich kann vor einem Publikum sprechen.

- Ich kann das tun bzw. ich kann das werden...
- Ich werde das tun bzw. ich werde das werden...
- Ich will das tun bzw. ich will das werden...
- Ich liebe das zu tun bzw. ich liebe das zu werden...
- Ich entscheide mich das zu tun bzw. ich entscheide mich das zu werden...
- Was wäre, wenn ich das tun könnte bzw. was wäre, wenn ich das werden würde...
- Stell dir vor, ich könnte das tun bzw. stell dir vor, ich könnte das werden...
- Wie kann ich tun/werden...?
- Was müsste ich glauben, um in der Lage zu sein das zu tun bzw. das zu werden...?
- Wie würde ich mich fühlen, wenn ich das tun bzw. werden könnte...?

F. Entwickle Mitgefühl für dich selbst

Unterziehe dich einer 7-tägigen Herausforderung für Mitgefühl. Unterlasse in den nächsten sieben Tagen nach Möglichkeit jede Selbstkritik. Um dir zu helfen, dir deines negativen Selbstgesprächs bewusst zu werden, ermutige ich dich, ein Gummiband um dein

Handgelenk zu tragen und es zu schnippen, wann immer du dich selbst kritisierst. Dann schenke dir selbst Worte der Ermutigung. Sie könnten etwa folgendermaßen lauten:

- „Ich weiß, dass du im Moment Probleme hast, aber du gibst dein Bestes“.
- „Du machst das gut. Jeder durchlebt hin und wieder herausfordernde Zeiten.“
- „Ich bin stolz auf dich. Auch wenn du den Drang verspürst, dich selbst zu kritisieren, bemühst du dich dennoch, freundlicher zu dir selbst zu sein.“

Lass dich nicht zu sehr auf die genauen Worte ein, die du verwenden solltest. Deine Absicht, sanft mit dir selbst umzugehen, ist das Wichtigste. Mit der Zeit wirst du die richtigen Worte finden, um dich selbst zu ermutigen und dir das Mitgefühl zu zeigen, das du verdienst.

G. Tägliche Dankbarkeit üben

Führe mindestens 7 Tage lang eine der folgenden Übungen durch:

a) Menschen danken

Setze dich auf einen Stuhl oder lege dich auf dein Bett und schließe die Augen. Denke dann an jemanden, den du kennst und danke ihm oder ihr. Es spielt keine Rolle, wer diese Person ist. Wann immer möglich, denke an etwas Bestimmtes, das sie oder er für dich getan hat. Vielleicht hat er oder sie dir einen Rat gegeben, dir geholfen, eine wichtige Lektion zu lernen oder dir in der Zeit, die du mit ihm oder ihr verbracht hast, Freude bereitet. Wiederhole den Vorgang.

b) Dingen in deinem Leben danken

Wähle einen bestimmten Gegenstand in dem Raum aus, in dem du dich gerade befindest. Es könnte zum Beispiel dein Schreibtisch sein oder der Stuhl, auf dem du gerade sitzt. Nimm dir dann die Zeit, den Gegenstand wertzuschätzen.

- Denke daran, wie dieser Gegenstand dein Leben verbessert

- Denke an all die Menschen, die an seiner Entstehung beteiligt waren

c) Erstelle ein Dankbarkeitstagebuch

Kaufe dir ein Notizbuch und immer, wenn du ein Kompliment bekommst, schreibst du es auf.

d) Dankbarkeitsübung

Schreibe jeden Tag, wenn du aufwachst, drei neue Dinge auf, für die du dankbar bist. Versuche, jeden Morgen drei verschiedene Dinge zu finden.

e) Dankbarkeitsmeditationen

Höre einer Dankbarkeitsmeditation zu und folge den Anweisungen. Du findest viele Beispiele auf YouTube.